HERVÉ M

Positive Einsamkeit

Die Kraft des Alleinseins

SCORPIO

Hervé Magnin ist Psychotherapeut und Coach. Der Musiker, Singer-Songwriter und erfolgreiche Autor illustriert seine Themen wie Selbstliebe und Angstbewältigung auch in seinen Liedern und Konzerten.

Die Originalausgabe ist 2010 unter dem Titel
La positive solitude
bei Éditions Jouvence, S.A., Chemin du Guillon 20, Chase 184,
CH-1233 Bernex, erschienen.
www.editions-jouvence.com
info@editions-jouvence.com

FSC www.fsc.org MIX Papier aus verantwortungsvollen Quellen FSC® C084279

2. Auflage 2016

Übersetzung: Claudia Seele-Nyima
Umschlaggestaltung: Hauptmann & Kompanie
Werbeagentur, Zürich
Layout und Satz: Veronika Preisler, München
Druck und Bindung: Print Consult, München
ISBN 978-3-95803-006-0

www.scorpio-verlag.de

Inhalt

1

Mittwoch, 19. Mai

Champagny-en-Vanoise, es ist zehn Uhr morgens und ich habe Angst. Einsamkeit macht Angst. Nicht jedem und auch nicht immer auf die gleiche Weise. Normalerweise ist ja eher das Unbekannte angsteinflößend. Ist dann etwa die Einsamkeit etwas Unbekanntes für mich? Was für ein Schwindel wäre das: ein Essay von mir über ein Thema, von dem ich nichts weiß, in einer Reihe, die Experten zu Wort kommen lässt! – Aber: Ja, ich kenne die Einsamkeit! Ich meine sie sogar recht gut zu kennen, gut genug jedenfalls, so hoffe ich, dass mein diesbezügliches Wissen und meine Erfahrungen Ihnen von Nutzen sein können. Ich kenne jene Einsamkeit, die mir bisweilen meine Angehörigen anvertrauen. Und die Einsamkeit der mir unbekannten Menschen, die spüren, dass ich ein offenes Ohr für sie habe, ist mir ebenso wenig fremd wie die der Klienten, die in meine psychotherapeutische Praxis kommen. Und ich habe die Einsamkeit gesehen, die Künstler, Philosophen, Mystiker, Misanthropen und Weise in der Öffentlichkeit zeigen. Diese Seiten möchte ich jedoch nicht als distanzierter Beobachter schreiben. *Ich habe mir fest vorgenommen, mit meiner eigenen Einsamkeit in Kontakt zu treten, um meine Überlegungen zu diesem Thema, das zunächst Furcht einflößt, mit Ihnen zu teilen.* Ist es ein großes Paradox, allein zu sein, um sich anderen mitzuteilen? Wenn Sie wollen, lassen Sie uns darüber diskutieren, allein und gemeinsam!

Ich habe Angst. Einsamkeit macht mir manchmal Angst. Es gibt unzählige Formen der Einsamkeit. Ich kenne nur einige davon. Heute Morgen, beim Aufwachen an diesem unbekannten Ort, wurde ich von Entdeckerrausch erfasst. Mich wirklich ein paar Tage ganz allein in die Abgeschiedenheit zurückziehen, um ein Buch über Einsamkeit zu schreiben, das ist eine ebenso amüsante wie beunruhigende Vorstellung. Dieser Ort ist einmalig schön, er könnte mich mit seinem Charme ablenken. Der Berg vor meinem Fenster hat eine beeindruckende Präsenz. Ich bin also objektiv nicht allein. Die Einsamkeit, mit der ich mich hier vertraut machen möchte, ist eine Stimmung, eine geistige Verfassung. Deswegen habe ich mir überlegt, dass die Natur und ein unbekannter Ort als

Umgebung mich weniger vereinnahmen und ablenken werden als mein alltägliches Universum voller Gewohnheiten. Ob das so funktionieren wird, ist jedoch alles andere als gewiss, denn ich brauche nur meinen Blick, meine Aufmerksamkeit auf etwas anderes zu richten – das an diesem Ort noch dazu mit Sicherheit etwas Schönes ist –, um aus meiner Innerlichkeit herauszugleiten.
Wie dem auch sei, mein Mobiltelefon ist jedenfalls ausgeschaltet. Eigentlich hätte ich es auch zu Hause lassen können. So bleibt die Versuchung bestehen. Werde ich stark genug sein, bei dringenden Fällen, die so selten tatsächlich eintreten, nicht nachzugeben? Was das Internet anbelangt, bin ich unbesorgt. Hier ist keine Verbindung möglich. Obwohl: Wäre ich ein echter »Internet-Junkie«, könnte ich in weniger als einer Viertelstunde an einem Ort sein, wo ich Zugang zum Internet hätte. Ich bin mit dem Auto hergekommen und befinde mich weder in der Wüste noch im Dschungel, sondern nur zwei Stunden von meinem Zuhause entfernt. Als ich jung war, habe ich diese Art von Einsamkeit, die in unseren Städten nicht ohne Weiteres zu finden ist, aktiv und intensiv gesucht. Vier Jahre lang bereiste ich die Welt allein. Die Anziehungskraft, die große Weiten auf mich ausübten, führte mich in unwirtliche Gegenden, erfüllt von Einsam-

keit. Natürlich trieb mich teilweise auch Stolz dazu, der Gefahr allein auf mich gestellt gegenüberzutreten. Doch ich spürte auch sehr gut, dass in der Erfahrung der Einsamkeit eine initiatorische Kraft liegt. Und trotz meiner Jugend hatte mich meine Intuition diesbezüglich nicht getäuscht. Während meiner ganzen Kindheit malte ich mir Initiationsriten aus, bei denen ein alter Weiser einem Jugendlichen den Auftrag gibt, sich allein auf den Weg zu machen und gereift zurückzukehren. *Du wirst ein Mann sein, mein Sohn* … Bis heute ist das Gedicht von Rudyard Kipling in meiner Kinderseele und im Herzen des Vaters, der ich nicht bin, gegenwärtig:

Kannst du zum Volke ohne Plumpheit sprechen,
Und im Verkehr mit Großen bleibst du schlicht;
Lässt du dich nicht von Freund noch Feind bestechen,
Schätzt du den Menschen, überschätzt ihn nicht.

Füllst jede unerbittliche Minute
Mit sechzig sinnvollen Sekunden an:
Dein ist die Erde dann mit allem Gute,
Und was noch mehr, mein Sohn:
Du bist ein Mann!

Rudyard Kipling[1]

Die angeblich so feierliche Kommunion und das Abitur fand ich als Rituale ziemlich fade. Es war viel cooler, in der Savanne einem Löwen zu begegnen und wieder heil aus der Sache herauszukommen. Aber brauchen wir wirklich die Seele eines Kriegers, um dem furchteinflößendsten Gegner von allen gegenüberzutreten – uns selbst? Nicht unbedingt. Es sei denn, dass aus dieser kampflustigen und narzisstischen Begegnung die schönste Freundschaft geboren wird – »die, die jeder sich selbst schuldig ist«, wie der französische Philosoph und Essayist Michel de Montaigne sagt. *Kann es sein, dass es eine stabile Selbstachtung fördert, mit sich allein zu sein?*

Die Wüste macht es nahezu unmöglich, vor sich selbst zu fliehen. Ich meine aber, dass ich es heute nicht mehr nötig habe, jeden Rückzug *konkret* unmöglich zu machen. Die Seite, die vor mir liegt, ist nicht mehr völlig unbeschrieben. Meine Angst hat ihre Macht über mich verloren. Diese Einsamkeit ist selbst gewählt, und ich bin davon überzeugt, dass ich frei wählen kann, ob ich allein sein will oder nicht. Eine Illusion? In meinem Leben, in dem ich als kinderloser Junggeselle allein auf mich gestellt bin, verbinden mich E-Mail und Smartphone jeden Tag mit anderen. Ich bin kein Angestellter in einem Unternehmen, arbeite also nicht fünf Tage pro Woche an einem bestimmten Ort, den ich aufsuchen muss, um Kollegen und Kunden zu treffen. Meine beruflichen und privaten Begegnungen sind unregelmäßig. An vielen Tagen sehe ich niemanden. Diese Form der Einsamkeit ist für mich alltäglich und relativ. Ich bin hierhergekommen, um eine andere zu entdecken.

In der Wohnung, die mir netterweise zur Verfügung gestellt worden ist, bemerke ich einen Fernseher. Zu dieser Tageszeit sehe ich normalerweise, während ich esse, eine Quizsendung im Fernsehen, dann die Ein-Uhr-Nachrichten. Es ist eine Versuchung, doch dann mache ich mir ein Sandwich und nehme meine einsame Arbeit wieder auf. ***Manchmal, wenn ich meine Einsamkeit spüre, versuche ich vergeblich, eine Leere zu füllen, indem ich esse.*** Diese fruchtlose Kompensation kenne ich nur zu gut und beuge mich oft ihrem neurotischen Diktat. Ich bin einfach ein »Herdentier« und brauche andere. Mein Freund Charles erinnert mich immer wieder daran – obwohl es nicht sehr wahrscheinlich ist, dass ich es vergesse –, dass *meine Freunde, meine Lieben* da sind. Sogar die Leute, die mir auf die Nerven gehen, wirken beruhigend auf mich, indem sie mich mit der Welt verbinden. Doch ich kenne auch die verborgenen Tugenden der echten Einsamkeit, derjenigen, die das Gegenteil der Leere ist, nämlich Fülle. Um unsere unaufhörliche Flucht vor der Einsamkeit zu rechtfertigen, präsentiert unsere Kultur sie wie eine Feindin, die bekämpft werden muss. Der Kampf gegen Ausgrenzung ist verständlich und legitim. Mangelnde Zuwendung ist unter Umständen so schmerzlich, dass sie zum Tod führen kann, den die Betreffenden irrtümlich für angenehmer halten als die Ablehnung. Isolation kann bei einem Menschen, der nicht darauf vorbereitet ist, schweres Leiden verursachen. Ich wiederhole:

Unbekanntes macht Angst. Doch vor der Einsamkeit zu fliehen bewirkt letztlich nur, dass wir weiterhin nichts über sie erfahren, und hält damit unseren Argwohn aufrecht.

Da ich aufmerksam die Ratschläge befolgt habe, die mein Freund, der Fuchs, mir gegeben hat, hier also einige Lektionen, wie wir uns mit uns selbst vertraut machen können.[2]

Uns mit der Einsamkeit vertraut machen

Die Einsamkeit, die gibt es nicht. Das will uns zumindest Gilbert Bécaud in seinem berühmten Chanson[3] glauben machen.

Nun bin ich ganz allein zu Haus
Und das macht mir auch nichts mehr aus
Rundfunk und Fernsehen sind da
Die Gegenwart ist dadurch nah
Mein Stammtisch wartet schon auf mich
Hab Freundinnen auch ohne dich

Die Angst vergeht scheinbar durch Ablenkung. Und die Einsamkeit schwindet, meint man, wenn eine neue Person auftaucht. Andere Mütter haben eben auch schöne Töchter … Zerbrochene Liebesbeziehungen sind offenbar eine bleibende Quelle der Inspiration für Künstler. So heißt es bei Bécaud weiter: »Du denkst, mein Kind, ich leide sehr, du glaubst, für mich wär's *zu schwer, doch Menschen gibt es fern und nah, die ich bisher nie richtig sah, denn unsere Welt ist doch sehr groß* …« Der kanadische Autor und Regisseur Robert Blondin entgegnet darauf auf seine Weise, indem er sagt, dass

»die Freiheit sehr schlecht mit einer simplen Verschiebung der Abhängigkeit vereinbar ist«. Wenn man immer vor der Einsamkeit flieht, können einem natürlich am Ende Zweifel kommen, ob sie überhaupt existiert. Doch es gibt sie tatsächlich – und vielleicht sind Sie ihr, ebenso wie ich, schon begegnet. Man findet sie in der Sahara eben so gut wie im Dschungel der Städte.

Wir sollten die Einsamkeit nicht im Fehlen anderer Menschen suchen. Tatsächlich wohnt sie in der empfindlichen Seele jener, die sich ungewollt von anderen isoliert fühlen, und in der starken Seele jener, die sich bewusst für die positive Einsamkeit entscheiden.

Was ist Isolation, was Einsamkeit?

Die Unterscheidung zwischen *Isolation* und *Einsamkeit* ist willkürlich und basiert auf einer nuancenlosen Gegenüberstellung. Nach dieser Auffassung gilt Erstere oft als erduldet und negativ und Letztere als selbst gewählt und positiv. Der Einfachheit halber und weil es der Konvention entspricht, übernehme ich in diesem Buch diese Sichtweise, die die kanadische Schriftstellerin Francine Ouellette folgendermaßen ausdrückt:

»Die Einsamkeit hat zwei Facetten. Frei gewählt, ist sie erhebend und bereinigend. Erzwungen, ist sie erstickend und zerstörerisch.«[4]
Unter den Vertretern der Ansicht, der Einsamkeit hafte zu Unrecht ein negatives Image an, finden sich einige große Männer, die einem Elitedenken nahestehen. So stellt Victor Hugo fest: »Die Einsamkeit ist gut für große Geister und schlecht für Kleingeister.« Er fügt hinzu, dass »*die Einsamkeit ein Gehirn, das sie nicht erleuchtet, durcheinanderbringt*«, womit er wohl darauf hinweisen will, dass Einsamkeit für manche gut ist und für andere nicht. Leider berücksichtigen dabei nur wenige die Diskussion darüber, was angeboren und was erworben ist. Diese Frage ist jedoch überaus wichtig. Andernfalls müsste man zwei Bücher schreiben. Das erste würde sich an jene armen Menschen richten, die dazu verdammt sind, ihr Leben lang entweder jegliche Einsamkeit zu fliehen oder sich mit dem Schlimmsten auseinanderzusetzen, wenn ihnen trotz all ihrer Bemühungen Isolation aufgezwungen wird. Das zweite würde unsinnigerweise Einzelgängern die Einsamkeit verherrlichen, die gar keinen Bedarf an einer solchen Darstellung haben. Um das, was ich sagen will, nicht zu sehr zu verkomplizieren, sehe ich von der verführerischen Hypothese einer karmischen

Sichtweise des Lebens ab und gebe nur zu bedenken: Selbst wenn wir nicht alle gleich geboren werden, gibt es dennoch keine Menschen, deren Seele *per se* klein ist, ebenso wenig wie solche, die mit einer großen Seele zur Welt kommen.

Da es hier eher um persönliches Wachstum und Weiterentwicklung geht bzw. darum, uns selbst zu transzendieren, wollen wir im Folgenden erkunden, wie wir es schaffen können, zu einer belebenden, stärkenden Einsamkeit zu finden.

Ich wende mich damit an uns alle, die wir als Menschen im Wachsen begriffen sind, uns also in einem immerwährenden Entwicklungs- und Reifeprozess befinden. Indem ich mich an alle wende, laufe ich Gefahr, zu sehr auf allgemeine Zustimmung aus zu sein. Da ist die Demagogie nicht fern, wenn man nicht aufpasst. »Zu sehr gefallen zu wollen ist das Vergnügen der Hässlichen«, klagt der französische Sänger Renaud.[5] In unserem »Herden-Geist« muss man gefallen, um der Einsamkeit zu entgehen. Wir gehen kein geringes Risiko ein, wenn wir uns dem Konformismus, der uns vor der gefürchteten Einsamkeit bewahren soll, nicht beugen. Wenn ich davon ausgehe oder behaupte, Sie hätten grundsätzlich Entwicklungsbedarf, riskiere ich damit, Sie möglicherweise zu verletzen. Letzteres liegt mir jedoch fern. Ich erkläre es genauer: Die Angst vor einem Konflikt treibt uns nicht selten dazu, unsere Gedanken, Gefühle, eigentlich uns selbst zu verleugnen. Heuchelei ist da mitunter nicht weit. *Auszusprechen, was man wirklich denkt, ist eine Art, allein für sich in Gesellschaft zu sein.* Nennen wir es zentriert sein. In diesem Auf-uns-selbst-zentriert-Sein können wir hoffentlich so sprechen und agieren, dass es eher zum bescheidenen Kompromiss als zum demütigenden Kompromittiert-Werden kommt.

Der Weg in die und in der Einsamkeit scheint mir ein unumgänglicher Initiationsweg zu sein, obwohl er täglich sinnlos umgangen wird. Die erste Etappe dieses Weges ist sokratisch: Sie besteht in einer mutigen Innenschau. Und zu den ersten Fragen, die wir uns stellen müssen, gehört:

Welche Beziehung habe ich zur Einsamkeit?
Was unternehme ich Tag für Tag, um sie zu finden oder vor ihr zu fliehen?

Erkenne dich selbst …

… und du wirst das Universum und die Götter erkennen!«, stellte Sokrates fest, als er die sogenannte Maieutik lehrte. Dabei handelt es sich um eine Form des Lernens, bei der der Lehrer seinen Schülern durch geeignete Fragen dazu verhilft, selbst Erkenntnisse über einen bestimmten Sachverhalt zu gewinnen, anstatt sie ihnen zu präsentieren. Zu dieser Kunst des geistigen Sich-selbst-Gebärens gehört auch die einsame Innenschau. Damit will ich keineswegs die Daseinsberechtigung von Psychiatern, Psychologen und Psychotherapeuten in Zweifel ziehen. Hilfe von außen ist oftmals nützlich, gar notwendig – aber sie ist nicht alles. Nur durch den Blick anderer auf uns wird es möglich, dass wir unser Wesen aus gänzlich unerwarteten Blickwinkeln sehen. Das Unbewusste ist ein dunkles Universum, das sich in toten Winkeln verbirgt. So wie wir unser Gesicht, unseren Rücken nicht ohne die Hilfe eines Spiegels sehen können, bleibt uns auch das Hässliche in uns verborgen, solange wir nicht dazu bereit sind, es wahrzunehmen, zu akzeptieren und schließlich zu transformieren. Solange uns diese Bereitschaft fehlt, sind wir gezwungen zu verdrängen, also dazu, uns selbst nicht zu

kennen. Aber nicht nur das Hässliche, auch das Schöne in uns kann furchterregend sein und Vermeidungsverhalten hervorrufen.

Unsere größte Angst ist nicht, unzulänglich zu sein. Unsere größte Angst ist, grenzenlos mächtig zu sein. Unser Licht, nicht unsere Dunkelheit ängstigt uns am meisten. Wir fragen uns: Wer bin ich denn, dass ich so brillant sein soll? Aber wer bist du, es nicht zu sein? Du bist ein Kind Gottes. Es dient der Welt nicht, wenn du dich klein machst … Wir wurden geboren, um die Herrlichkeit Gottes, der in uns ist, zu manifestieren. Er ist nicht nur in einigen von uns. Er ist in jedem Einzelnen. Und wenn wir unser Licht scheinen lassen, geben wir anderen unbewusst damit die Erlaubnis, es auch zu tun.

Marianne Williamson[6]

So können andere dazu beitragen, unsere Schattenbereiche, ob schön oder hässlich, ans Licht zu bringen. Doch selbst in meiner Arbeit als Therapeut bin ich stets bestrebt, die Abhängigkeit von mir, die ein Patient immerhin einige Zeit lang akzeptieren muss, nicht länger als unbedingt nötig aufrechtzuerhalten. Eine Krücke ist nützlich, wenn das Bein gebrochen ist; sie ermöglicht ihm Ruhe und gibt ihm die erforderliche Zeit zum Heilen. Doch wenn der Knochen wieder zusammengewachsen ist, muss er durch Übung wieder zu Kräften kommen. Entwöhnung von der Abhängigkeit ist eine essenzielle Phase, wenn Freiheit angestrebt wird. Ich für meinen Teil warte nicht lange, um diejenigen, die meine Hilfe erbitten, meinerseits zum Aktivwerden aufzufordern, damit sie das, was wir zunächst gemeinsam tun, allmählich allein tun können.

Ich empfehle hierfür insbesondere die Anschaffung eines sehr schönen Hefts und – warum nicht? – eines wunderbaren Stifts. Achtung: Die Kosten für dieses Rezept werden von der Krankenkasse nicht übernommen – was ein Fehler ist, denn durch eine gute Selbstkenntnis, einen entwickelten kritischen Geist, eine vertraute Beziehung zu sich selbst und unabhängiges Denken könnten auf jeden Fall einige Kosten im Gesundheitsbereich eingespart werden.

»Das ganze Unglück der Menschen rührt allein daher, dass sie nicht ruhig in einem Zimmer zu bleiben vermögen.«

Blaise Pascal

Schreiben ist nur dann ein einsamer Akt, wenn man sich damit an sich selbst richtet. Ein Tagebuch ist eine wertvolle Unterstützung, um eine Verbindung zu sich selbst zu spinnen und zu nähren. Allerdings wird dieser einsame Akt nicht selten als suspekt wahrgenommen. Menschen, die allein handeln, werden gerne mal als narzisstisch, egozentrisch, Außenseiter bzw. Aussteiger oder gar menschenfeindlich hingestellt. Das, was ich in einem Buch über Selbstachtung[7] als altruistische Propaganda bezeichnet habe, ist eine alte moralisierende Strömung dogmatischen Denkens, das die Sorge um andere überbewertet und der Sorge um sich selbst den Wert abspricht. Wenn wir uns auf uns selbst konzentrieren, ruft der allgemeine Gruppenzwang daher tendenziell Schuldgefühle hervor. Altruistische Propaganda wird gleichermaßen im religiösen wie im weltlichen Umfeld in Gang gehalten.

Schreiben für sich allein wird bei jungen Mädchen

noch bedingt toleriert. Auch ist sie bei Autoren zulässig, die bereits einen Publikumserfolg hatten, also nach einer Bestätigung durch die Masse oder durch die Elite. Herdenzugehörigkeit verpflichtet. *Wer sich zum Schreiben zurückzieht, entzieht sich dem Alltagsgeschwätz. Die Stille eröffnet einen Raum, der erkundet werden will.*

»Man spricht, um die Einsamkeit zu durchbrechen; man schreibt, um sie fortzusetzen.«

Edmond Jabès[8]

An uns selbst denken, uns Fragen stellen über uns selbst, für uns Sorge tragen, spüren, was in uns »pulsiert«, Körper und Seele baumeln lassen, Zellen und Geist gesund ernähren … Wir können durchaus von uns aus etwas unternehmen, um auf Selbsterkenntnis und Selbstliebe hinzuwirken. Doch wir erwarten oft passiv, dass die anderen die »irdische Nahrung« herbeischaffen. Wir werfen ihnen ihren Mangel an Großzügigkeit vor und vergessen dabei ganz nebenbei, dass sie dasselbe auch von uns erwarten. Aufgrund gegenseitiger Undankbarkeit und Frustration rechnen wir letztendlich alles gegeneinander auf, was wir geben und empfangen. Das hätten wir nicht nötig, wenn wir aus unseren eigenen Ressourcen schöpfen würden und dadurch reicher – weil unabhängiger – wären. Doch wir versteifen uns darauf, unsere Ressourcen zu unterschätzen.

Unzulänglichkeit und Abhängigkeit

Da unser ganzes Leben ein innerer Wachstums- und Reifungsprozess ist, machen wir immer wieder die Erfahrung, unzulänglich zu sein.
Menschen werden abhängig geboren. Jedes Baby würde ohne die nährende Fürsorge seiner Umgebung sterben. Ist diesem kleinen Menschen bewusst, dass Einsamkeit für ihn gleichbedeutend ist mit dem Tod? Man könnte annehmen, dass im individuellen und kollektiven Unterbewusstsein die Angst vor der Einsamkeit mit der Angst vor dem Tod verknüpft ist. Jahrtausendelang war das nicht nur eine abstrakte, unbewusste Vorstellung. Sich physisch von der Gruppe zu entfernen bedeutete reale Lebensgefahr. Die Entwicklung der Zivilisationen hat viel zur Sicherheit der Einzelnen beigetragen und zudem eine organisierte, institutionalisierte Solidarität geschaffen. Das beruhigende

Bewusstsein, in Sicherheit zu sein, erreichte im 20. Jahrhundert in reichen Ländern einen Höhepunkt, was den Gesellschaften ermöglichte, sich zu individualisieren, mit allen damit verbundenen Vor- und Nachteilen. ***Es besteht ein natürliches Spannungsverhältnis zwischen Sicherheit und Freiheit. Dieselbe Spannung prägt die Beziehung zwischen Angst und Einsamkeit.***

Betrachten wir einmal die Entwicklungsgeschichte des Menschen. In prähistorischer Zeit war das, was die Einzelnen verunsicherte und sie dazu trieb, in Gruppen zu bleiben, ein Grundbedürfnis: das Überleben. Als die Menschen sesshaft wurden, Ackerbau und Viehzucht betrieben, barg das Alleinsein nur noch die Angst vor Verbannung, Verachtung und Klatsch in sich. Das Bedürfnis nach Zugehörigkeit oder Integration ist im oberen Bereich der Bedürfnispyramide von Abraham Maslow,[9] einem der Gründerväter der humanistischen Psychologie, angesiedelt. Im Lauf der Zeit rückten die Isolationsängste innerhalb dieser Bedürfnishierarchie immer weiter nach oben. Gegen Ende des zweiten Jahrtausends der christlichen Zeitrechnung bringt die Tatsache, dass man sich von anderen unterscheidet, durch sein »Anderssein« von ihnen isoliert ist, die Befriedigung eines anderen Bedürfnisses in Bedrängnis: das der Anerkennung.

Denn wer anders ist, riskiert damit, lächerlich gemacht zu werden, als Dummkopf zu gelten, in den Augen anderer herabgesetzt zu werden.
Während der katholischen Inquisition z.B. wurden Freidenker gefoltert und verbrannt. Und heutzutage verlieren nicht selten verantwortungsbewusste Mitarbeiter, die bei kriminellen, die Umwelt verschmutzenden multinationalen Konzernen angestellt sind und deren schädliche Praktiken anprangern, ihre Stelle und finden woanders keine neue Arbeit mehr. Dadurch, dass man sich auf das Risiko der Einsamkeit einlässt, findet man sich mitunter in der Isolation wieder. Wir sollten daher die Ängste, die uns dazu verleiten, mit den Wölfen zu heulen, nicht von oben herab behandeln oder leichtfertig abtun. *Sich dem »Mainstream« anpassen ist ein starker Druck, dem wir alle ausgesetzt sind.*

Gruppendruck

Die Experimente des amerikanischen Psychologen Stanley Milgram zur Gehorsamkeit gegenüber Autoritäten[10] bestätigen den enormen Einfluss, den die Gruppe oder deren anerkannte legitime Repräsentanten auf einzelne Individuen ausüben. Der Wissenschaftler Milgram demonstrierte 1961 in einem demokratischen Land, in dem Frieden herrschte, dass die Mehrheit der Menschen dazu imstande war, einem Unschuldigen tödliche Stromstöße zu verabreichen. Allein auf Anweisung des Vertreters einer geachteten Institution (in diesem Fall ein Universitätsprofessor im weißen Kittel) teilten 63 Prozent der Probanden bis zu 450 Volt starke Stromstöße aus und gingen damit bis zur von den Versuchsleitern festgesetzten Obergrenze. Das Experiment zeigte deutlich, in welchem inneren Konflikt sich die Testpersonen befanden. Obwohl schweißüberströmt wegen des Stresses, den das Dilemma verursachte – entweder entgegen dem eigenen moralischen Empfinden anderen Schmerzen zuzufügen oder sich dem Gruppendruck zu entziehen und damit den Ausschluss zu riskieren –, war es für nahezu alle Probanden extrem schwierig und für 63 Prozent schlicht unmöglich, sich der Autorität eines Universitätsprofessors entgegenzustellen. Der Preis des Abweichens ist die Einsamkeit, allein auf sich gestellt einer Institution gegenüberzustehen und zu sagen: »Stopp! Ich höre mit diesem barbarischen Experiment auf.« Einige Teilnehmer waren später im Verlauf des Experiments, nachdem sie einen Unschuldigen (in Wirklichkeit ein Schauspieler, der den Schmerz nur simulierte) bereits mit bis zu 100,

200, 300 Volt starken Stromstößen gefoltert hatten, doch bereit, den Preis der Einsamkeit zu zahlen. Die Mehrheit machte bis zum Ende mit.

Weniger barbarisch und näher an unserer Alltagsrealität ist das Experiment von Professor Solomon Asch, einem Pionier der Sozialpsychologie, aus dem Jahr 1951. Er versammelte eine Gruppe aus sieben Personen in einem Zimmer. Man erklärte ihnen, sie nähmen an einem Versuch über Wahrnehmungen teil. In Wirklichkeit wurde von den sieben Personen nur eine getestet. Die sechs anderen waren Assistenten, deren Rolle unter anderem darin bestand, über das echte Thema des Experiments hinwegzutäuschen. An der Wand wurden zwei gezeichnete Linien gezeigt, eine 25 cm, die andere 30 cm lang. Die Linien waren parallel, und es war eindeutig erkennbar, dass die 30 cm lange Linie die längere war. Der Professor bat nun alle um ihre Einschätzung, welche Linie länger war, und die sechs Assistenten antworteten als Erste. Sie schätzten einstimmig die 25 cm lange Linie als die längere ein. Als dann als Letztes die echte Testperson gefragt wurde, gab diese in 60 Prozent der Fälle ebenfalls an, die 25 cm lange Linie sei die längere. So funktioniert Gruppenzwang. Doch der Versuch wurde noch gesteigert, und zwar so: Wenn im Experiment von Asch eine Testperson dennoch die 30 cm lange Linie wählte, machten sich die sechs Assistenten über sie lustig, und unter diesem Druck gaben am Ende doch noch 30 Prozent zu, sie hätten sich geirrt. Das Experiment wurde mit etwa 100 Studierenden und Universitätsprofessoren (also einer nicht als besonders leichtgläubig geltenden Personengruppe) wiederholt, und erneut zeigte sich, dass neun von zehn Personen letztendlich bestätigten, dass die 25 cm lange Linie länger sei als die 30 cm lange Linie.

Zu mir selbst stehen

Was stand in diesem Experiment für die Probanden auf dem Spiel? Die Antwort findet sich vor allem in der zweiten Phase des Experiments, wenn diejenigen, die zunächst dem Gruppenzwang widerstanden hatten, verspottet werden. Der Spott, dem immerhin 30 Prozent der Abweichler schließlich doch noch nachgeben, verdeutlicht Folgendes: Mehr als die Wahrheit – oder zumindest die tiefe Überzeugung – zählt der Wunsch, nicht als Trottel dazustehen. Was hier hauptsächlich auf dem Spiel steht, ist das soziale Ansehen, unser Bedürfnis nach Anerkennung, das Maslow auf die vierte Stufe seiner Pyramide stellt. Wer kann, wer soll dieses Bedürfnis befriedigen? Die einhellige Antwort lautet in der Regel: »Die anderen.« Dabei vergessen wir – getreu der *altruistischen Propaganda* – jedoch eine weitere Quelle psychisch-emotionaler Nahrung: uns selbst!

Ich selbst kann mir Anerkennung zollen, mich berücksichtigen, wertschätzen und lieben. Ich selbst kann mir eine gute Gesellschaft sein. Im Alleinsein kann ich das Prinzip der Unzulänglichkeit des Menschen infrage stellen.

Dieser Anspruch ist gar nicht so radikal, wie er zunächst klingt. Es geht mir nicht darum, eine totale Autarkie und vollkommene Unabhängigkeit vom Blick der anderen zu predigen. Vielmehr geht es darum, dass wir bewusst unsere Abhängigkeiten einschätzen und das bestmögliche Gleichgewicht anstreben zwischen der Macht, die wir anderen zugestehen, und der Macht, die wir uns selbst geben, um unsere Bedürfnisse zu befriedigen, unsere Träume zu verwirklichen, uns zu entfalten. Zu große Abhängigkeit führt zur Selbstentfremdung. *Man kann leicht seine Seele verlieren und das Leben versäumen, nur um anderen nicht zu missfallen.* Diese mit einer Nabelschnur vergleichbare Verbundenheit, die mir ein Gefühl der Sicherheit vermittelt – welchen Preis muss ich dafür zahlen?

In der Tat spielen andere Menschen eine große Rolle für die Befriedigung unserer Bedürfnisse. Wir wachsen mit der selbstverständlichen Annahme auf, dass es Sache der anderen sei, dafür zu sorgen. Und das zunächst aus gutem Grund, denn bei unserer Geburt sind wir noch nicht in der Lage, diese Bedürfnisse selbst zu befriedigen. Immerhin ist uns klar, dass das Heranwachsen unserer Kinder ein Prozess des Selbstständigwerdens ist und wir sie mit unserer Erziehung darin unterstützen müssen. Doch wie weit geht das? Die meisten jungen Erwachsenen sind recht gut darauf vorbereitet, allein für ihre Ernährung und Unterkunft zu sorgen – eine Befreiung für die Eltern, das sollten wir zur Kenntnis nehmen. Sich einen bestimmten Platz in der Gesellschaft zuzugestehen ist dagegen nicht mehr ganz so selbstverständlich, denn die Plätze sind begehrt, und somit herrscht eine große Konkurrenz. Je nach Grad des vorhandenen Durchsetzungsvermögens nehmen die »Geringeren« den Platz ein, den die Dominierenden bereit sind, ihnen zu überlassen. Um unseren Platz auszuwählen, müssen wir uns zunächst fragen, welchen wir überhaupt anstreben. Diese existenzielle und soziale (Selbst-)Erkundung kann im Austausch mit anderen geschehen, wenn wir eingeladen werden, darüber nachzudenken. Ist dieses Nachdenken erst

einmal in Gang gebracht, muss es allein, im Verborgenen unserer Seele weitergeführt werden. Doch darauf bereitet uns unsere Gesellschaft kaum vor.
Zu bestimmten Zeitpunkten im Lauf ihrer Schulzeit werden die Jugendlichen einer Auswahl unterzogen oder aufgefordert, Weichen zu stellen für ihre Zukunft, sei es beim Übertritt aus der Grund- in die weiterführende Schule, sei es bei der Fächerwahl. Die schulische und berufliche Orientierung vollzieht sich nach vorgegebenen Kriterien, wobei die Noten in den unterrichteten Schulfächern im Voraus die Gebiete bestimmen, die den Schülern möglicherweise offenstehen. Ihre Vorlieben, ihre Wünsche und Träume sind sekundär oder spielen gar keine Rolle. Doch früh zu lernen, zu erkennen, was man wirklich will, ist eine wesentliche Voraussetzung dafür, dass wir mit uns selbst vertraut sind und auf unser Inneres hören. Dieses »innere« Lernen muss frühzeitig und auf sanfte Weise stattfinden. Ein solches Erkennen unserer eigenen Bestrebungen und Wünsche, diese Verbundenheit mit uns selbst bringen eine starke Energie hervor, die immer wieder erneuert werden kann. Indem sie Sinn stiftet, ermöglicht sie, eine Lernmotivation, also die Mittel zum Erreichen unserer Ziele, zu finden. Dieser Prozess verläuft dem der schulischen

und beruflichen Orientierung entgegengesetzt, indem er vom »Was« zum »Wie« wechselt und dabei von dem Wunsch, nicht von den bereits vorhandenen Fähigkeiten ausgeht. Denn Kompetenzen erlangt man vor allem dadurch, dass man es sinnvoll findet, sie sich anzueignen.

»Wir alle schlafen achtlos auf einer Goldmine.
Suchen wir nicht woanders, nur in uns!
Nichts liegt offen zutage – graben ist angesagt:
Schatzsuche.
Abenteurer auf Entdeckungsreise zu uns selbst,
bezwingen wir unsere Angst!
Meine Vorstellungen anderen angleichen:
So früh resignieren – was soll man dazu sagen?
Unterdrückt unsere Träume nicht und befreit eure eigenen!
Ob groß oder klein, erhalten wir unsere Kinderträume lebendig!«[11]

Der Philosoph Friedrich Nietzsche sagte über seine Epoche etwas, das meiner Ansicht nach immer noch aktuell ist: »Allmählich ist mir das Licht über den allgemeinsten Mangel unserer Art Bildung und Erziehung aufgegangen: Niemand lernt, niemand strebt danach, niemand lehrt – *die Einsamkeit ertragen.*«[12] Durch unseren zwanghaften

Gemeinschaftsgeist sorgen wir dafür, dass sich unsere Kinder der Einsamkeit entziehen, und zwingen ihnen auf diese Weise die zukünftige Isolation auf. Dabei kann man genau dadurch, dass man schon früh positive Erfahrungen mit der Einsamkeit macht, mit ihr vertraut werden und sie zu einer wertvollen Verbündeten machen.

Ich behaupte nicht, es sei falsch, dass wir uns um die Integration unserer Kinder in die Gemeinschaft kümmern. Wir müssen jedoch unterscheiden zwischen leidvoller, zerstörerischer Isolation und wohltuender, aufbauender Einsamkeit. ***Es ist weder zwangsläufig merkwürdig noch suspekt, noch dubios, Zeit allein zu verbringen.*** Allerdings ist es in einer in hohem Maße von Mitläufertum geprägten Gesellschaft zumindest atypisch. Ich sage Ihnen nicht, dass Sie Ihre Kinder allein lassen sollen. Aber bitte projizieren Sie nicht Ihre eigenen Vorstellungen von Einsamkeit auf ein Kind, das allein ist. Vielleicht verfügt es über eine innere Freiheit, die Sie nicht haben. Und die könnten Sie ihm durch ungeschicktes Verhalten – wenn auch in bester Absicht – für lange Zeit nehmen.

2

Donnerstag, 20. Mai

Champagny-en-Vanoise, es ist halb elf Uhr vormittags und ich habe keine Angst. Die Nacht war gut. Ich täusche mich nicht darüber hinweg, dass ich auf Ihre Gesellschaft oder sogar Ihre Zustimmung aus bin. Ihre Anwesenheit ist zwar virtuell, doch deswegen sind Sie nicht weniger präsent in meinen Gedanken, wenn ich (allein?) schreibe. Gustavo Adolfo Bécquer, ein spanischer Dichter, stellte etwas boshaft fest: »*Die Einsamkeit ist sehr schön … wenn man jemanden in der Nähe hat, dem man das sagen kann.*«[13] Vielleicht ist die Einsamkeit relativ genug, um nicht im Absoluten zu existieren. Da sie etwas Bedingtes ist, beharre ich darauf, mich von dem, was mich ablenkt, zu lösen. Alle Angst ist verschwunden. Ich gehe meines Weges, ohne dass mir spürbar etwas fehlt, ohne Frustration. In diesen Momenten der Gnade bin ich überall zu Hause, bei mir, in mir, in der Einsamkeit. Ich wohne darin, tue meinem Inneren etwas Gutes.

Oft und lange habe ich einsame friedliche Ruhe genossen. Ab und zu habe ich auch den Schlüssel dazu verloren. Ich kenne die Leichtigkeit der Einsamkeit beinahe genauso gut wie die Last der Isolation. Die positive Einsamkeit ist ein Hengst, den man kaum als Anfänger reiten kann, sondern nur mit entsprechender Erfahrung und Sicherheit. Ein guter Sitz erfordert Achtsamkeit, sogar große Geistesgegenwart, vor allem dann, wenn man das Reiten erst erlernt.

> *»Als ›einsamer Reiter‹ im Alleingang unterwegs sein bedeutet, seine Freiheit entschlossen verteidigen, seine Integrität unter allen Umständen wahren … Der ›Alleingänger‹ – der einsame Reiter – verbindet Stärke mit Zerbrechlichkeit: Wie die Zerbrechlichkeit aus seiner Freiheit hervorgeht, so entspringt die Stärke seiner Einsamkeit.«*
>
> *Jacqueline Kelen*[14]

Don Quijote hält sich aufrecht, wenn er auf seiner Stute Rosinante reitet – trotz seines von Entbehrungen ausgemergelten Körpers und obwohl er so viel Schweres durchgemacht hat. Er bricht auf und begibt sich auf die Suche – keine »Mini-Suche« des Ich, sondern die große Suche des Selbst. Keine

Ein-Tages-Unternehmung, sondern das ganz große Abenteuer, das ihn seiner geliebten Dulcinea näherbringt. Die Initiation wird allein oder in kleinem Kreis durchlebt. Er widersetzt sich der Offenkundigkeit des Bekannten und setzt sich dem Spott der Menge aus. Die Magerkeit und die Einzigartigkeit des Ritters mit der traurigen Gestalt stehen im Kontrast zu den zahlreichen servilen Verfechtern der Konventionen. Die von Cervantes karikierte Figur hat allen Grund zu lächeln. Seine Naivität und Ungeschicklichkeit machen beinahe einen Antihelden aus ihm. Doch wie die einsamen Helden ist auch er den beiden Hauptbedrohungen seines wagemutigen Vorhabens preisgegeben: Entmutigung und Hochmut.

Die ehrgeizige Suche nach dem unerreichbaren Stern stellt ein Problem des vertikalen Gleichgewichts dar: Die weihevolle Einsamkeit wirkt zwar erhebend, doch gleichzeitig zieht uns unsere physische Komponente nach unten. Man könnte fürchten, dabei zerrissen zu werden. Und doch ist es weder sinnlos noch unmöglich, den Kopf in den Sternen und die Füße auf dem Boden zu haben. »Ruft dich ein Wind und du findest Gefallen daran, dann öffne deine Flügel und drück die Füße in den Schlamm!«

»Mama, sag mir, warum – Papa, sag mir, wieso
Braucht man denn ein immer gleiches Dach
Das stets am selben Ort bleibt? Die Welt ist so groß
Wenn ich die Wahl habe, dann breche ich jetzt auf
Häufiger, als man denkt, kann man sich seine Last aussuchen
Also habe ich mir mein Haus auf den Rücken geladen.

Ich bin das Kind eines Papa-Schmetterlings
und einer Mama-Schildkröte
Ich bin eine Schmetterlingsschildkröte.«[15]

Belastende Isolation

Sich selbst näherkommen bedeutet nicht, dass man sich von anderen entfernt. Doch die Tatsache, dass wir das Gegenteil annehmen, treibt uns dazu, uns von uns selbst zu entfernen, um den engen, beruhigenden Kontakt zu anderen nicht zu verlieren.

Die Angst vor uns selbst nährt eine übertriebene Abhängigkeit von anderen. Diese Abhängigkeit von anderen hält das Objekt der Angst auf Distanz. Die Angst wiederum nährt sich aus der Unwissenheit, die wiederum auf Vermeidung beruht. Der Kreis schließt sich. Ich kenne die Einsamkeit nicht, also behalte ich meine Vorurteile bei, die meine Angst vor ihr rechtfertigen …

In diese permanente Flucht vor uns selbst verstrickt, unterhalten wir zum Ausgleich »emotionale Handelsbeziehungen«, die mehr oder weniger ausgewogen, mehr oder weniger befriedigend sind. Wir sind auf Beziehungen aus, von denen wir uns, bewusst oder unbewusst, erhoffen, dass unser Einsatz sich auszahlt. Diese psychosoziale Ökonomie macht sich in einem offenkundig leidvollen Ungleichgewicht bemerkbar. Treten Ungerechtigkeit und Undankbarkeit deutlich zutage, hagelt es Vorwürfe, und unterschwellige Konflikte brechen sich Bahn in Klagen wie: »Und das, wo ich so viel für dich getan habe, du Egoist! Nie bist du da, es steht mir bis oben hin, dass ich dauernd auf dich warten muss. Du machst mich nicht glücklich. Ich brauche dich doch.«

Um sein Leben und sein Glück von einem einzigen Menschen abhängig zu machen, muss sowohl im Inneren des Betreffenden als auch um ihn herum eine große Leere herrschen. Was ist das für ein innerer Mangel, der uns dazu bringt, einem anderen

eine derartige erdrückende Verantwortung aufzubürden? Romantische Klischees, wie wir sie in manchen Darstellungen des Liebeslebens finden, helfen in der Realität nicht weiter.
Unser Ich in Dauerschlaf zu versetzen ist eine implizite Anweisung der altruistischen Propaganda. Doch ebenso, wie es an jedem von uns ist, sich selbst zu gehören, haben wir auch das Recht, für uns selbst der Märchenprinz zu sein, der die schlafende Schöne weckt. »Wehret den Anfängen!«, hält die Anti-Ich-Propaganda gleich lautstark dagegen. Sie kennt den Unterschied zwischen einem innerlich gut zentrierten Einzelgänger und einem neurotischen Egozentriker nicht. Es bleibt die Frage:

Wenn ich mich selbst nicht liebe, wer tut es dann?

Egoisten und Altruisten ignorieren beide gleichermaßen, dass Selbstliebe der kürzeste Weg zur Liebe zu anderen ist. Narzissten dagegen lieben sich nicht richtig. Sie ziehen wie wild die Decke zu sich herüber, weil ihnen innerlich kalt ist. Doch tausend

Decken reichen nicht aus, um das heißhungrige Herz dieser Bettler der Liebe aufzuwärmen.

»In der ganzen Stadt werde ich Bettler
der Liebe genannt.
Ich singe für die, die mich lieben,
und werde immer derselbe sein.
Es ist keine Schande, ein Liebesbettler zu sein.
Ich singe jeden Tag unter euren Fenstern.«[16]

Es ist tatsächlich keine Schande, um Anerkennung, Zuwendung, Liebe zu betteln. Indem wir dazu stehen, brauchen wir dieses Bedürfnis nicht mehr zu verschleiern und nicht mehr heimlich zu hoffen, dass die anderen uns das geben, was wir nicht verlangen. Es besteht keine Notwendigkeit mehr zu lügen, wenn man laut und deutlich sagt, schreit, singt: »Liebt mich!« Ich äußere, worauf ich Lust habe, was ich brauche, was mir fehlt. Es liegt bei den anderen, ob sie mir das Verlangte geben wollen oder nicht.

Unser innerer Reichtum

Eins ist klar: Wenn ich es nicht wage, den mir innewohnenden inneren Reichtum zu sehen, dann ist es leicht – wenn auch unehrlich –, zu sagen, dass ich nichts habe. Ich bin dadurch entschuldigt, wenn ich nichts zur Bereicherung der Welt beitrage. Und da ich nichts zu versteuern habe, zahlen andere die Steuern, die mich ernähren. Tatsächlich ängstigen wir uns weniger davor, unsere Bedürftigkeit zu entdecken als unseren Reichtum, denn das Bewusstsein unseres inneren Lichts könnte uns von unseren Rechten ablenken und unseren Fokus auf unsere Pflicht lenken, die dunkle Welt zu erhellen.

»Wenn wir uns selbst nicht kennen, was haben wir dem anderen dann zu bieten, außer unserer Unwissenheit, unserer Armut, unserer Verzweiflung? Liebe bedeutet nicht, zwei Defizite zu vereinen, zwei Unzulänglichkeiten miteinander zu verbinden.«

Jacqueline Kelen

Dieser Glaube an unsere Bedürftigkeit und Armut ist eine Täuschung, ist eine Lüge an sich. ***Es ist unsere Aufgabe, unseren unermesslichen Reichtum durch eine Innenschau – teilweise allein und in Stille – zu entdecken.*** Doch zu oft stürzen wir uns

lieber auf den anderen, um vor uns selbst zu fliehen. Dadurch, dass wir anderen das alleinige Recht, uns glücklich zu machen, zugestehen, sind sie immer ein Quell zur Kompensation, auf den wir Druck ausüben. In einem ausgewogenen Kräfteverhältnis werden sie uns sicherlich manchmal auch etwas geben. Doch wenn die Situation sich mit der Zeit ändert, hören sie möglicherweise damit auf, und das ist ihr gutes Recht, ob wir sie nun für undankbar halten oder nicht. Es sei denn, moralische Gründe oder ihre Schuldgefühle bringen sie dazu, uns zu bemitleiden. Schöne Alternative, nicht wahr? …

Wenn man meint, man hätte nicht viel zu bieten, was kann man dann überhaupt austauschen und mit wem?

»Alles Übel rührt von der Tatsache her, dass die allermeisten Menschen kein eigenes Innenleben haben und sich darum das Leben der anderen wünschen, danach verlangen, es haben wollen.«

Alberto Savinio

Sich selbst gering schätzen ist eine häufige Ursache für Isolation.

Der Schmerz, den sie hervorruft, ist oft von einer Bitterkeit gefärbt, die dazu beiträgt, andere erst recht auf Abstand zu halten. Wer einmal in dieser Isolationsspirale gefangen ist, findet nur schwer wieder hinaus.

»Die unangenehmsten Gesellschafter sind ausgerechnet diejenigen, die Einsamkeit nicht ertragen.«

Albert Guinon

Andere zurückweisen

Es gibt viele Arten von Einsamkeit. Ich habe die Dinge stark vereinfacht, als ich bisher nur zwei vorgestellt und sie willkürlich als Einsamkeit und Isolation bezeichnet habe. Hier ist eine weitere, die von beiden ersten Arten etwas hat. Manche Menschen »entscheiden« sich bewusst dafür, sich von

der Welt zu isolieren, nicht weil sie die Einsamkeit so sehr genießen, sondern weil sie der anderen überdrüssig sind. Doch: »Die wahren Menschenfeinde findet man nicht in der Einsamkeit«, stellt Giacomo Leopardi, ein italienischer Dichter des 19. Jahrhunderts, fest. Empfinden solche »Misanthropen« in ihrer Rückzugshöhle auch nur eine geringfügige Unbequemlichkeit, kommen sie daraus hervor, um ihre Artgenossen zu attackieren, die sie nicht als ihresgleichen betrachten. Dabei stellen sie ihr Anderssein durch eine ablehnende und intolerante, nicht selten bis zur Verachtung gehende Haltung unter Beweis – oftmals gekleidet in beißenden Sarkasmus –, bevor sie sich wieder bis zur nächsten Salve in ihre Höhle zurückziehen. Dass die Welt durchaus kritikwürdig ist, soll nicht bezweifelt werden, doch der Ton, den Menschenfeinde nicht selten walten lassen, um sie zu verunglimpfen, ist mit Sicherheit Ausdruck großen Leids. Wie manche Menschen sich vor der Einsamkeit schützen, so schützen sich solche Miesepeter vor der »Nicht-Einsamkeit«. Indem sie zweimal Nein sagen, sagen sie nicht Ja zur echten Einsamkeit, der Quelle inneren und äußeren Friedens.

Außenseitern und Konformisten ist gemeinsam, dass sie das, wovor sie fliehen, nicht kennen und sich – gerade aus der Unkenntnis heraus – davor fürchten. Zwar scheinen verbitterte Außenseiter unter Umständen auf den ersten Blick weniger unwissend, weil sie zwangsläufig Erfahrungen mit dem Leben in Gesellschaft gemacht haben. Dagegen glauben die folgsamen Konformisten ganz fest, die Einsamkeit zu kennen, obwohl sie sie nie erlebt haben und mit der Isolation verwechseln. Alles in allem haben alle ihre traumatischen Erfahrungen gemacht, und ein gebranntes Kind scheut das Feuer, auch wenn es sich eigentlich an heißem Wasser verbrannt hat. Ein verbitterter Rebell, der die Welt zurückweist, meint, er transzendiere seine Bedürfnisse, während er sie in Wirklichkeit nur radikal verdrängt. Und durch entsprechende intellektuelle Klimmzüge gelingt es ihm sogar zu glauben, dass er keinen Mangel empfindet. Doch das ist Unsinn!

Die meisten, die unter Isolation leiden, haben wiederum nicht den Anspruch aufgegeben, die Umgebung müsse ihre sozialen Bedürfnisse erfüllen. Im Gegensatz zu den Menschenfeinden glauben sie, dass das Blatt sich wieder wendet; sie verharren in der Hoffnung, es handele sich nur um einen Ausrutscher und das Verhalten des oder der anderen werde beim nächsten Mal großzügiger sein und eher ihren Wünschen entsprechen. In meiner Arbeit hatte ich viel mit solchen Menschen zu tun.

Man kann ihnen nur raten und sie darin unterstützen, ihre Art, wie sie kommunizieren, zu ändern. Obwohl dies ein eher symptombezogener Ansatz ist, ist es dennoch nicht so, als würde man ein Holzbein mit Jod desinfizieren. *Es ist eine echte Notwendigkeit, kommunizieren zu lernen, Respekt sich selbst und anderen gegenüber zu entwickeln. Doch scheint es mir ebenso wichtig, zu lernen, wie wir uns selbst das geben können, was wir von anderen erwarten.* Das eine schließt das andere nicht aus. Im Gegenteil, beides ergänzt sich sogar sehr gut.

Sich selbst lieben

Ich liebe mich, und Sie schenken mir ergänzend dazu die Liebe, die für Sie »passend« ist. Durch die Liebe, die ich mir selbst entgegenbringe, vermag ich auch den Gedanken zu ertragen, dass Sie mich gar nicht lieben. Ich setze Sie also nicht unter Druck, greife nicht auf emotionale Erpressung zurück. Ich muss Ihnen nicht gefallen. Wenn ich Ihnen etwas mitteilen möchte, das Sie vielleicht nicht gerne hören, werde ich es trotzdem schreiben, wenn ich denke, es könnte Ihnen helfen, wenngleich es für Sie unangenehm ist. Ich existiere sehr gut ohne Sie. Und ich kann auch mit Ihnen gut

existieren. Ich bin mir meines Wertes bewusst und ich weiß es zu schätzen, dass Ihr Blick mir ebenfalls spiegelt, dass ich einen Wert habe.
Doch ich nehme auch Missbilligung wahr oder die Tatsache, dass Sie sich von mir abwenden. An dem Punkt, wo ich momentan stehe, ist mir das noch unangenehm; es ist mir nicht gleichgültig. Das steht im Gegensatz zur Auffassung jener, die verfrüht meinen, sie hätten sich von ihrem Bedürfnis nach Anerkennung befreit. Die Isolation, in die ich gerate, weil einige Menschen mich nicht anerkennen, ist jedoch nicht so leidvoll, dass ich in Hetzerei oder Liebedienerei verfalle. Einsamkeit vermittelt mir so viel Freiheit, dass ich lieber integer und authentisch bin, selbst um den Preis, dass mich andere zurückweisen. Dagegen fühle ich mich nicht reif genug, um von allen gehasst zu werden. Meine Abhängigkeit verringert sich zwar im Lauf der Zeit, aber es besteht nicht der geringste Zweifel, dass ich andere immer noch sehr brauche. Das gestehe ich Ihnen ganz ungeniert und hoffe, dass es Ihnen dabei hilft, meine Äußerungen zu relativieren, denn sie sollen keine absolute Verherrlichung der Einsamkeit sein.

Von der Isolation zur Einsamkeit

Seien wir realistisch: Es kommt äußerst selten vor, dass wir zur Einsamkeit vordringen, wie wir einfach aus Neugier eine Tür öffnen. Im Allgemeinen zwingen uns widrige Umstände dazu, denen wir einen Namen gegeben haben: Isolation. Einsamkeit wird oft erst über Isolation zugänglich. Ebenso wie Freiheit sich beim Überwinden der Angst entfaltet, ist die Isolation eine Quelle der Einsamkeit. Jeglicher Reifungsprozess beinhaltet Prüfungen.

Wir wachsen an den Schwierigkeiten, die uns begegnen.

Trennungsschmerz

Stellen Sie sich vor, Ihr Schatz hat Ihnen gerade den Laufpass gegeben. Er (oder sie) ist nicht einfach gegangen, sondern hat Sie einfach fallen gelassen.

Ich denke, Sie spüren die Nuance. Er oder sie hat Sie nicht allein, sondern im Stich gelassen. Das ist die subjektive emotionale Erfahrung, die uns die Isolation vermittelt. Müssen Sie der Beziehung hinterhertrauern? Möglicherweise nicht. Vielleicht handelt es sich nur eine Belastungsprobe für die Partnerschaft, nicht aber für die Person, der »der Laufpass gegeben wurde«, die verloren, orientierungslos, allein ist. Also halten Sie sich an der Hoffnung fest, denn: »Es gibt scheinbar Land, wo die Erd verglüht und wo doch das Korn wie im besten Monat blüht.«[17] Aber lohnt sich das wirklich? Hängen Sie an der Person, weil sie so besonders und einzigartig ist, oder versuchen Sie, der Isolation und der Einsamkeit zu entgehen? Und wenn dieser Mensch tatsächlich so besonders und einzigartig ist, warum sollte er dann nichts Besseres zu tun haben, als mit Ihnen zusammenzuleben? Diese Fragen wirken vielleicht zynisch. Trennungsschmerz und die Erfahrung von Zurückweisung sind mir nicht unbekannt. Ich weiß, wie schwierig und hart es ist zu trauern.

Sie haben sich also entschieden, in Trauer zu verfallen. Sie sind deprimiert. Das ist normal, denn Sie machen gerade die Erfahrung der Isolation. Und doch ist die Einsamkeit nicht weit. Versuchen Sie, sich abzulenken, zu vergessen, Erinnerungen aus dem Weg zu gehen? Tun Sie alles Mögliche, um Ihre Gefühle zu betäuben, beispielsweise indem Sie sie mit Absicht verdrängen oder indem Sie legale oder illegale Drogen oder Medikamente nehmen, die von der Krankenkasse übernommen werden oder auch nicht? Haben Sie sich unverzüglich darangemacht, so schnell wie möglich jemanden zu finden, der oder die Ihre(n) Ex ersetzt?

Die Einsamkeit ist nicht sehr weit von der Isolation entfernt. Eigentlich berühren sie sich sogar. Man kann es sich vorstellen wie eine Wippe: Indem wir Verbindung zu uns selbst aufnehmen, bekommt die Einsamkeit »Auftrieb«; indem wir uns selbst fernbleiben, die Isolation. Diese Verbindung zu uns selbst können wir nur freiwillig und bewusst aufnehmen.

Der Zugang zur Einsamkeit ist das Ergebnis einer mutigen Entscheidung.

Sind Sie bereit, auf Ihren Körper zu hören, Ihre Gefühle wahrzunehmen, Ihre Gedanken zu erkunden, so traurig sie auch sein mögen – ja oder nein? Es gibt oberflächliche Trauer, die im Grunde eine Selbstverleugnung ist. Wahre und somit tiefe Trauer ist nur in der echten Einsamkeit möglich. Im Schmerz und im Mangel sind Sie mitten in einem Reifungsprozess. Die Prüfung ist da; Sie brauchen sie noch nicht einmal zu suchen. So liegt in jeder Trennung ein Gral, ein Ausgangspunkt, um sich zu erheben und zu wachsen, zu reifen. Suchen und Fragen hängen zusammen. Sind Sie bereit, etwas anderes mit Ihrem Kopf anzufangen, als Ihre beiden Hände dagegen zu schlagen, während Sie jammern?

Die Früchte der Innenschau

Jammern ist natürlich in Ordnung, sofern es sich nicht endlos in die Länge zieht. Wenn Sie danach bereit sind, sich einige heilsame Fragen zu stellen, hier ein paar Vorschläge:

Was empfinde ich?
Was drückt mein Körper aus?
Tut mir irgendwo etwas weh?
Wenn ja, wo?

Spüre ich Spannungen?
Welche?
Welches Gefühl ist vorherrschend?
Eher Traurigkeit? Oder ist der Zorn stärker …
Oder ist es eine Mischung aus beidem?
Vielleicht mischt sich auch Angst in dieses vielschichtige Ganze?
Welche Gedanken nähren meinen Zorn?
Bin ich dieser/diesem Undankbaren böse?
Nehme ich mir selbst übel, dass ich so naiv gewesen bin?
Warum werfe ich mir das vor?
Hätte ich sehen können, was ich nicht gesehen habe?
Wo liegt meine Verantwortung im Scheitern meiner Beziehung?
Wo liegt die meines Partners/meiner Partnerin? …

Die Innenschau ist ein unendliches Forschungsfeld. Es gibt Gedanken, Gefühle, Taten, über die wir uns Fragen stellen können. Da ist die Vergangenheit, die Gegenwart, die Zukunft zu erkunden. Da gilt es, mich, die anderen und unsere jeweilige Verantwortung zu hinterfragen.
Es gibt verschiedene Wege und Strategien, sich mit diesen Fragen auseinanderzusetzen. Ich empfehle Ihnen von Herzen diesen: Schreiben Sie!

Sollte Ihnen das ganz allein zu schwerfallen, wenden Sie sich ruhig an eine dritte Person, die Sie unterstützt. Das steht dem, was im vorliegenden Buch gesagt wird, nicht im Mindesten entgegen. Ein Freund, eine Psychotherapeutin, ein Buch können Ihnen den Weg zu Ihrer Einsamkeit weisen. Allein sein und zu zweit füreinander da sein, das ist sehr gut miteinander vereinbar. Man kann durchaus in Gegenwart anderer in positiver Weise allein sein. Umgekehrt kann man sich auch in anderen verlieren, während man allein zu Hause und in Sorgen über seinen Status in der Gruppe versunken ist (»Was werden die Leute von mir denken, wenn ich diesen neuen Badeanzug anziehe?«).

> **Die Einsamkeit hat nichts damit zu tun, an welchem Ort wir uns befinden, sie ist ein Geisteszustand.**

Das Single-Sein ist nichts weiter als ein Familienstand, der entweder in der Isolation oder in der Einsamkeit gelebt werden kann.

»Part-Time-Single
Eines Doppels ohne Partner
Da kann man sich noch so sehr sträuben
Einsamkeit strapaziert die Nerven
Mit vierzig Jahren herrscht Frühling.
Mit der Morgenröte bricht der Tag an.
Ich werde gegen den Takt dieses heiß ersehnten
Klammerblues tanzen.«[18]

Wenn das Alleinsein eine Bürde ist, dann ist der Geist zu schwer. Denjenigen, die den chronologischen Ablauf der Trauer nicht kennen, rufe ich die – nicht zwingend alle bzw. in der angegebenen Reihenfolge auftretenden – Phasen der Trauer, wie sie die Psychiaterin und Sterbeforscherin Elisabeth Kübler-Ross definiert hat, noch einmal in Erinnerung:[19]

1. Schock und Nicht-wahrhaben-Wollen
2. Zorn
3. Verhandeln
4. Depression
5. Akzeptanz und Transzendenz

So können Widrigkeiten uns zwar schmerzliche Isolation auferlegen, uns aber auch an die Tore der befreienden Einsamkeit führen. Letztere wird uns gewiss nicht auf einem Silbertablett präsentiert, denn im Gegensatz zur Opferrolle, die auf täuschende Weise bequem wirkt und sich uns dadurch lautstark aufdrängt, tritt sie deutlich bescheidener auf.

Isolation und Einsamkeit sind zwei Aspekte derselben Wirklichkeit. Es ist der Geisteszustand, die seelische Verfassung, die darüber bestimmt, ob wir die Verlassenheit passiv erdulden oder uns entscheiden, aktiv Nutzen daraus zu ziehen.

3

Freitag, 21. Mai

Champagny-en-Vanoise, es ist halb zehn Uhr morgens und mein dritter Tag in Einsamkeit. Ich bin ruhig und zuversichtlich. Fehlt es mir an etwas? Ein Moment der Stille und des In-mich-Hineinhörens zeigt mir an, dass ich einen gewissen Mangel verspüre. Die physische und psychische Distanz zur Außenwelt, die ich an diesem Ort gewonnen habe, bringt mich unweigerlich mir selbst näher. Ich liebe dieses Gefühl, diese ursprüngliche Vertrautheit. Trotzdem fühle ich mich nicht vollständig, nicht wunschlos glücklich, aber doch friedvoll. Vor mir liegt ein weiteres Erkunden und Verwandeln meiner Seele, dessen Freuden ich zwar erahne, aber noch nicht kenne. Etwas zu erschaffen ist eine eigenständige Quelle der Bereicherung. Ich gebe mich und ich empfange etwas. Nicht selten habe ich aus diesem Grund schon das Bedürfnis, meine Einsamkeit zu verteidigen.

Dieser Tage ist es so: Je mehr ich mich in mich selbst

und in das Schreiben vertiefe, umso weniger will ich aus dieser Tiefe hinausgehen. Leider habe ich nicht genügend Lebensmittel eingekauft und werde ein paar Besorgungen machen müssen. Diese Aufgabe macht mir zu schaffen, denn eigentlich will ich meine Höhle nicht verlassen. Nicht wegen des Komforts, den mir diese anheimelnde Wohnung bietet, sondern wegen der Konzentration ganz auf mich selbst, die ich genieße und die mich nährt.

»Verlass mich nicht, verlass mich nicht, verlass mich nicht, verlass mich nicht«, fleht Jacques Brel. Er wandte sich damit an eine Frau. Warum diese Bitte nicht an die Einsamkeit richten? Verlass mich nicht! Ich fühle mich allmählich gut mit dir. Steht es überhaupt in deiner Macht, mich zu verlassen? Nein. Das hängt allein von mir ab. Ich habe die Macht, dich zu verlassen. Aber warum sollte ich sie heute einsetzen? Es geht mir so gut mit dir. Wie eine Geliebte will ich dich nicht verlassen, dich nicht im Stich lassen, dich nicht allein, ohne mich, zurücklassen. Indem ich dich personifiziere, fantasiere ich ein wenig, ahnungslos, ohne dass mir wirklich klar wird, dass ich dich beleidige. Doch du machst dir nichts daraus, denn du kannst in Wirklichkeit weder *beleidigt* noch *verlassen* werden. Wie könnte man sich die Isolation der Einsamkeit vorstellen?

»Meine Freiheit, in einer Dezembernacht
habe ich dich verlassen
Mich von den abgelegenen Wegen entfernt,
die wir gemeinsam beschritten hatten
Als ich bedenkenlos, an Händen und Füßen gefesselt,
alles mit mir habe machen lassen
und dich verriet – für ein Liebesgefängnis
und seine schöne Kerkermeisterin.«[20]

Die Liebe eignet sich hervorragend, um über Einsamkeit und Isolation zu sprechen.

Liebe

»Wer nie allein war,
nicht ein einziges Mal im Leben
allein tief im Bett vergraben,
allein am Ende der Nacht
Wer nie allein war,
nicht ein einziges Mal im Leben
Kann er überhaupt lieben?
Kann er jemals lieben?«[21]

Ich fürchte, ein einziges Mal genügt nicht. **Wir leben gern in der Vorstellung, die Liebe beende die**

Einsamkeit, dabei ist es doch so, dass gerade im Herzen der Einsamkeit wahre Liebe aufkeimen kann. Dadurch, dass wir vor Einsamkeit und Freiheit fliehen und den Schatten meiden, der uns anzeigt, wo das Licht herkommt, sind wir lediglich ein Schatten unserer selbst. Wie stark können wir lieben, wenn wir keine Einheit, kein vollständiges Ganzes sind? Wenn wir erwarten, zu zweit eins zu sein, und ängstlich die Person belauern, die unsere zweite Hälfte bildet, verlieren wir uns in einer Rechnung, bei der wir letztlich draufzahlen, weil wir Addition und Subtraktion verwechseln. Wir subtrahieren von uns selbst und suchen im anderen das, was uns, wie wir glauben, fehlt. Wir suchen beim anderen etwas im *Plus,* das bei uns selbst im *Minus* ist, nach dem Motto: Gemeinsam sind wir stark. Doch wer ist stärker als ein Mensch, der in sich selbst eine Einheit bildet, der heil und ganz ist? Was hat er zu bieten? Wird er nicht deutlich liebesfähiger sein als jemand, der sich nicht als ein Ganzes fühlt?

Wenn wir davon ausgehen, dass Liebe ein Geben ist, dann sollten wir uns dessen bewusst sein, dass wir viel zu geben haben, dass uns große Ressourcen zur Verfügung stehen. Man kann nur das geben, was man zu besitzen glaubt. Aber wie könnte ohne Selbsterforschung ein Bewusstsein dieses inneren Reichtums entstehen? Wann ist ein Mensch reich? Der griechische Philosoph Diogenes beantwortete diese Frage so: *»Derjenige ist reich, der sich selbst genügt.«* Andererseits heißt es schon in der Bibel: »Es ist nicht gut, dass der Mensch allein sei.«[22]

Die Liebe zur Macht und die Macht des Liebens

Lassen Sie uns unseren kurzen Abriss der Liebesarithmetik weiterführen. In der bedürftigen Liebe, die subtrahiert, statt zu addieren, werden auch Multiplikation und Division verwechselt. Man muss sich trennen, um sich zu vereinen, sich teilen, um zu multiplizieren. Doch wenn wir uns tatsächlich einmal Zeit nehmen, die Welt zu betrachten, dann erkennen wir sehr genau, dass die Verbindungen, die wir knüpfen, in den meisten Fällen vom Mangel bestimmt werden. Wir agieren wie wild im Außen, um unsere innere Leere zu füllen. Dadurch sind wir ständig in den roten Zahlen. Bei der Aufrechnung unserer emotionalen Einnahmen und Ausgaben landen wir grundsätzlich im Soll. Die Folge sind Vorwürfe, Enttäuschung, Konkurrenz, Eifersucht, Gier … Es ist offensichtlich, dass wir im Grunde mehr zum Nehmen tendieren als zum Geben. Nur indem es uns gelingt, diese Tendenz umzukehren, können wir auf eine Welt und menschliche Beziehungen hoffen, die von echter Liebe regiert werden. Wenn die Liebe zur Macht durch die Macht des Liebens ersetzt wird, dann können wir in Frieden leben, mit der Aussicht darauf, dass wir und die Welt uns dauerhaft weiterentwickeln. Nein, das ist keine einfältige, verweichlichte Utopie. Und es sind keine weltlichen oder religiösen Dogmen der altruistischen Propaganda, die uns den Weg des Gebens zeigen. Nicht dadurch, dass uns Großzügigkeit als moralisches Diktat aufgezwungen wird, können wir den tiefen, echten Wunsch zu geben in uns entstehen lassen. Es ist nicht grundsätzlich schlecht, nichts zu geben, es ist nur ein Zeichen von Armut.

> **Die Quelle echten Gebens ist die Entdeckung unseres inneren Reichtums.**

Im Unterschied zum äußeren Reichtum öffnet innerer Reichtum unser Herz weit und regt zum Teilen an. Dieser Reichtum ist eine erneuerbare Energie.

Äußere Einfachheit ist der Luxus von Menschen, die innerlich reich sind, denn sie brauchen nichts zu kompensieren. Nur aus einer Motivation des Mangels heraus mühen wir uns in der Partnerschaft und sonstigen Beziehungen mit Zugeständnissen und faulen Kompromissen ab, damit am Ende der Rechnung »zwei nur noch die Hälfte von eins«[23] ergibt.

Doch die Abrechnung ist noch nicht abgeschlossen. Ich füge noch hinzu: 1 + 1 = 3. Es gibt dich, mich und uns. In unserem Liebesnest brauchten wir fast ein Zimmer für jeden. Fürs Erste also mindestens drei Zimmer, Küche, Diele, Bad, um sowohl das, was uns beiden jeweils einzeln vorbehalten ist, als auch das Gemeinsame zu respektieren. Der Essayist Michel de Montaigne empfahl:

»Wir müssen uns ein Hinterstübchen zurückbehalten, ganz für uns, ganz ungestört, um aus dieser Abgeschiedenheit unseren wichtigsten Zufluchtsort zu machen, unsere wahre Freistatt.«[24]

Doch der Mythos der Verschmelzung ist eine hartnäckige Illusion, in der man sich eher verliert als wiederfindet. Weltfremde Romantik und die damit verbundenen vereinfachenden Überzeugungen richten im Herzen naiver Menschen nicht selten Verwüstungen an.

Jedoch sind Verdrängung und die Bitterkeit der

Isolation natürlich nicht die einzigen Ausgänge, in die unsere Liebesirrungen münden können. In der inneren Sammlung, in der einsamen Kontemplation können wir Alternativen ins Auge fassen.

Melusines Lektion

Mythen können eine wertvolle Quelle der Inspiration sein. Zu den schönsten gehört der von der Fee Melusine. Die Geschichte spielt im Mittelalter in Frankreich, im Poitou. Der Ritter Raymondin de Lusignan durchlebt ein Familiendrama, das ihn überwältigt und in die Verzweiflung treibt. In den Qualen seiner Isolation merkt er nicht, dass die heilende Einsamkeit ganz nah ist. Sie ist da und nimmt überraschend die Züge einer jungen Frau an, die er an der Fontaine de la Soif (»Quelle des Durstes«) trifft. Raymondin weiß nicht, dass sie eine Fee ist. Ihrer Schönheit verfallen, hört er schweigend den Pakt an, den Melusine ihm vorschlägt. Sie verspricht, für sein Glück zu sorgen, wenn sie verheiratet wären, vorausgesetzt, er ließe die Herkunft seiner vom Schicksal gesandten Gattin für immer und ewig im Dunkeln und sie könne die Samstage stets allein verbringen. Außer sich vor Freude akzeptiert er die Bedingungen, nimmt die junge Frau mit auf sein Pferd und heiratet sie alsbald. Das versprochene Glück lässt nicht auf sich warten. Raymondin ist ein glücklicher Mann. Er muss zwar jeden Samstag ohne seine Frau verbringen, beklagt sich jedoch nicht darüber, denn er sieht sie am Tag darauf mit neu erwachter Freude wieder.

Die Jahre vergehen und es kommen zunehmend Gerüchte über die Herkunft Melusines auf. Raymondin wird von Zweifel erfasst, er kann sich auf Dauer dem »Gruppendruck« der Umgebung nicht entziehen. Schließlich will er Gewissheit haben. Eines Samstags späht er seine Gattin aus. Doch er tut dies nicht reinen Herzens, denn er entehrt sich, indem er seinen Schwur bricht. Er erwischt Melusine nicht etwa beim Ehebruch, sondern findet sie allein in ihrer Badewanne, wie sie einfach ihr Dasein genießt. Sie erscheint ihm ganz anders als sonst, beinahe unheimlich in ihrer Fremdartigkeit, er erkennt sie kaum. Er sieht, dass sie einen Fischschwanz hat. Ist das ihr Geheimnis? Ich habe also eine Meerjungfrau geheiratet? »Sie ist treu, sanft und liebevoll, warum sollte ich ihretwegen besorgt sein?«, beruhigt sich Raymondin, der nun keinen Grund zur Eifersucht mehr sieht. Obwohl sie die Anwesenheit ihres Mannes spürt, sagt Melusine nichts. Sie verzeiht ihm diese Schwäche und gibt ihm, dem sie sechs Tage in der Woche mit Liebe

begegnet, eine zweite Chance. Und das glückliche Leben nimmt wieder seinen Lauf, die Kinder wachsen heran; überall herrschen Wohlstand und Wohlergehen, in der Ehe, im Schloss, im ganzen Herrschaftsgebiet Raymondins.
Wieder vergehen Jahre, dann kommt es zu einem zweiten Verrat. Doch Melusine verzeiht nicht zweimal. Sie fliegt davon und verschwindet für immer. Untröstlich, von Gewissensbissen gepeinigt, bleibt ihr Mann zurück. Er hat all seine Würde verloren, verzichtet auf Titel und Vermögen und zieht sich in die Einöde zurück, zerknirscht und reumütig. Gequält und tief in Isolation versunken, entdeckt er in der Abgeschiedenheit schließlich doch noch Ruhe und Einsamkeit. Im Herzen seines Einsiedlertums, im Alleinsein und in der Vertrautheit mit sich selbst ist er der Frau, die er liebte, so nah wie nie zuvor. Sie hat ihm den Weg zu sich selbst gewiesen. Gibt es eine schönere Art zu lieben, als den anderen ins Herz seiner selbst zu führen? Jacqueline Kelen schreibt dazu:

»Den anderen lieben heißt, die auf immer fremde, unerreichbare Einsamkeit des anderen lieben … Jemanden lieben bedeutet, seine Einsamkeit zu würdigen und sie zu bestaunen … Die Liebe, die ich für einen Menschen empfinde, beendet meine

Einsamkeit nicht, sondern bereichert, bezaubert sie, lässt sie erstrahlen. Der Erwählte, der geliebte Mensch, ist paradoxerweise derjenige, mit dem ich gerne allein bin.«

Gibt es in unserer Woche einen freien Samstag? Natürlich haben wir nicht alle ein Schloss mit vielen Räumen, um unser Territorium der Einsamkeit abzugrenzen. Es ist an uns, unseren Raum für die Einsamkeit psychisch, sozial und materiell zu organisieren. Mit mehreren Personen in begrenzten räumlichen Verhältnissen zusammenleben ist dabei zwar gewiss nicht einfach, doch mit echter Entschlossenheit und Fantasie kann man es sich räumlich und zeitlich entsprechend einrichten.

Allem Anschein nach bewirkt die Gewohnheit, dass die Liebe langsam zugrunde geht. Lassen Sie sich beide immer wieder überraschen von dem Fremden, der Sie für sich selbst und für den anderen sind! Entdecken Sie sich jeweils selbst, indem Sie sich tief auf Erfahrungen einlassen. ***Wenn Sie nach und nach mit dem leuchtenden Wesen in Kontakt kommen, das in Ihnen schlummert, können Sie allmählich dieses dicke Fell ablegen, das Sie vom Leben und von sich selbst abschottet.*** Und Sie verlieren nach und nach die Angst, Ihren Ich-Ersatz abzuwerfen – diese soziale, akzeptable, sogar »liebenswerte« Persönlichkeit, die Sie zu sein versuchen – und glauben endlich, dass Sie existieren. Herunter mit den Masken!

»Es ist nicht leicht, man selbst zu sein, integer
Sich für Aufrichtigkeit zu entscheiden
Sein Leben ohne Ghostwriter aufzuschreiben
Häufiger als nur hin und wieder wahrhaftig zu sein.
Die Luft eines anderen einzuatmen, auszuatmen –
Dieses So-tun-als-ob ist eine Sackgasse
Ist der Sauerstoff nicht unser eigener
Lässt es sich hinter einer Maske schlecht atmen.«

»Es ist nicht mehr an der Zeit, den Clown zu spielen. Jetzt ist der Moment gekommen, zu schweigen, eine Kurve im Alleingang zu nehmen, die Richtung zu ändern.« Und dann? Wollen wir uns im Kreis drehen und herumirren oder einen neuen Kurs einschlagen, der einen tieferen Sinn hat? Doch die Angst beschränkt uns auf das oberflächlich Bekannte, das uns ein vages Gefühl der Sicherheit vermittelt.

»Beidrehen und – warum nicht – Grenzen
übertreten
Den Kurs ändern und – warum nicht – ihn
ganz aufgeben
Aber an Bord bleiben, dort, wo ich Boden
unter den Füßen habe
Ich drücke mich am Hafen herum wie eine
wasserscheue Katze
Ich will ins Unbekannte rudern
›Mama!‹ rufen, wenn ich Angst habe
Ohne Panzer und fast nackt
Ohne Harnisch, ohne Rüstung über dem
Herzen.«

»Es ist nicht mehr an der Zeit, den Clown zu spielen. Jetzt ist der Moment gekommen, zu schweigen, eine Kurve im Alleingang zu nehmen, die Richtung zu ändern!« Und dann? Über kurz oder lang doch wieder ins gleiche Fahrwasser geraten, weitermachen mit dem, was wir so gut können?

»Sie geht sehr sorgfältig vor, die Maskenbildnerin
Trägt außen Farben auf
Radiert die schlechte Laune aus
Um den Schauspieler glänzen, strahlen zu
lassen

Tag für Tag spielen wir eine Rolle
Geben unser Bild in Bildern wieder
Der Film ist unter Kontrolle
Was nicht gefällt, wird herausgeschnitten.«

»Es ist nicht mehr an der Zeit, den Clown zu spielen. Jetzt ist der Moment gekommen, zu schweigen, eine Kurve im Alleingang zu nehmen, die Richtung zu ändern.« Und dann? Blättern wir eine Seite um und schauen auf ein weißes Blatt Papier, beängstigend in seiner Unberührtheit? Um das Unbekannte zu erforschen, müssen wir die Gewissheit aufgeben. Doch was wir an Gewissheit verlieren, gewinnen wir an Intensität.

»Man dreht sich herum, dreht sich im Kreis
Oder man wendet das Blatt
Nur ohne Gewissheiten können wir wissen
Was verrückt war, was klug war.
Es ist nicht mehr an der Zeit, den Clown
zu spielen
Also hör auf mit deiner Show!
Du bist nicht der Held in einem Cartoon
Dein Leben spielt sich ohne Kamera ab.«

»Es ist nicht mehr an der Zeit, den Clown zu spielen. Jetzt ist der Moment gekommen, dass ich schweige, eine Kurve im Alleingang nehme und … jetzt wende.«[25]

Stille

Die linke Hand ist für die rechte das, was die Stille für die Einsamkeit ist. Man applaudiert nicht mit nur einer Hand. Die Musik ist für den Lärm das, was das Wort für das Geschwätz ist. Man applaudiert keinem Misston.

»Der Mensch hat zwei Ohren und eine Zunge, damit er doppelt so viel hören kann, wie er spricht.«

Epiktet[26]

Wie laut und aufgeregt die Welt ist! Klänge, Bilder, Gerüche, Geschmackswahrnehmungen … eine Dauerberieselung mit Sinnesreizen. Wie kann ich in diesem permanenten Geschrei eine ganz bestimmte kleine Stimme vernehmen?

Diese kleine Stimme ist umso leiser und zarter, …

- *je mehr sie von Lärm überdeckt wird*
- *je unauffälliger sie ist*
- *wenn ich sie lächerlich mache, sobald sie sich meldet*
- *wenn ich ihr misstraue*
- *wenn ich mich nicht bemühe, ihr zuzuhören*
- *wenn ich ihre Existenz ignoriere*

Stillsein lernen

Die innere Stimme ist nur bei jenen klein, die sie seit Langem mit unangebrachtem Lärm ersticken.

> **Wenn Sie Ihre kleine innere Stimme hören wollen, sorgen Sie dafür, dass es in Ihnen und um Sie herum still ist.**

Vielleicht müssen Sie auch die Augen schließen, denn wie mein Freund, der Fuchs aus *Der kleine Prinz,* es jedem verkündet, der es mit seinen inneren Ohren zu hören vermag: *»Das Wesentliche ist für die Augen unsichtbar.«* Indem Sie loslassen, können Ihre äußeren Sinne die Verantwortung an die inneren Ohren, an die Augen des Herzens abgeben. Sie werden überrascht sein, wie unauffällig die Stimme sich bemerkbar macht. Man muss sehr genau hinhören. Doch wenn Sie die Beziehung zu ihr kultivieren, wird Ihre Kommunikation mit jedem Tag besser.

Das Stimmengewirr der Welt ist ohrenbetäubend. Die allgegenwärtige Werbung überschüttet uns permanent mit Angeboten, stachelt unsere Sinne an. Geschickt nimmt man unsere Wünsche vorweg, indem man sie für uns erfindet – und sie uns dann so geschickt vermittelt, dass wir sie für unsere eigenen halten …

Doch die Gesellschaft ist das, was wir daraus machen. Lamentieren wir also nicht darüber, wie sie ist, sondern tun wir das, was uns möglich ist, um sie zu ändern. ***Als Erstes, indem wir einfach damit aufhören, Unwesentliches anzusammeln und Wesentliches auszurangieren.***

Der Rhythmus der Welt ist rasant und beschleunigt sich immer mehr. Wir versuchen mitzuhalten, ängstlich darauf bedacht, nicht hinterherzuhinken. Andererseits ist die Welt ihrerseits im Rückstand: Während sie sich immer mehr vollstopft mit »Haben«, entleert sie sich zunehmend von »Sein«. Ihr rastloser Lauf ist der eines Verzweifelten auf der Suche nach einem Notausgang. Und wir laufen ihm hinterher in der Hoffnung, ein Beruhigungsmittel zu finden, aber nicht das echte Glück. Mit kläglicher Verbissenheit klammern wir uns an ein Gesellschaftssystem, das im Sterben liegt. Ein anderes suchen ist nur dann möglich, wenn wir auf der individuellen und kollektiven Ebene den Lärm zum Schweigen bringen.

Erst einmal innehalten und Bilanz ziehen!
Uns vom Lärm abkehren.
Nicht sprechen.
Dann hören wir endlich die Stille.

Die Krise

Gerade in der Krise ist ein Narr, wer auf den regelmäßigen Rückzug à la Melusine verzichtet. Was haben Sie denn samstags Besseres zu tun, als sich in Ihr geheimes Zimmer zurückzuziehen und im Jungbrunnen zu baden, allein und nackt von Kopf bis Fuß? Sie haben andere Prioritäten? Natürlich, die Welt will Sie in Beschlag nehmen, will Sie sich selbst entziehen. Aber wollen Sie das etwa zulassen? Werden Sie sich mit einer Cola begnügen oder

sich an der *Fontaine de la Soif* – der Quelle des Durstes – laben?
Zugegeben, so eine nette, kühle Cola an heißen Tagen tut gut. Ah, die kleinen Freuden des Lebens … ***Wir sollten nur darauf achten, diesen Dingen nicht mehr Platz einzuräumen, als ihnen zusteht. Denn wenn wir uns einmal die Mühe machen und uns anschauen, wie viel Zeit, Geld und Energie wir für unsere täglichen Pflichten aufwenden, entdecken wir möglicherweise, dass wir am Ende einen zu hohen Preis bezahlen für das, was wir im Gegenzug bekommen.*** Möglicherweise ist es genau diese Erkenntnis, der wir dadurch aus dem Weg gehen wollen, dass wir uns davor drücken – allein in unserem geheimen Zimmer –, die Abrechnung zu machen.

Das randvolle Glas: Prioritäten setzen

Ich möchte Ihnen an dieser Stelle die Parabel von den großen Steinen erzählen.

Stellen Sie sich vor, ich würde ein großes Einmachglas vor Sie hinstellen. Es ist durchsichtig, und Sie können sehen, was ich hineintue. Nun befülle ich es so lange mit großen Steinen, bis keine mehr in das Glas hineinpassen. Meinen Sie, das Glas sei nun voll? Vielleicht haben Sie die kleinen Lücken zwischen den Steinen nicht richtig gesehen. Diese Zwischenräume kann ich mit kleinen Steinen auffüllen. Ich tue es, und dieser Kies füllt das Glas weiter, das in der Tat nicht voll war. Ich mische das Ganze noch ein bisschen durch und füge nach und nach weitere kleine Steinchen hinzu, die ihren Platz einnehmen, bis keines mehr hineingeht. Ist das Glas nun voll?

Ich sehe, Ihr Interesse ist geweckt. Nun kann ich Sand hinzufügen, der bis in die letzten kleinen Freiräume rieselt. Und wenn alle leeren Stellen mit Sand gefüllt sind, ist das Glas dann endlich voll?

Sie können es sich vermutlich schon denken: Ich gebe noch Wasser hinzu. Wenn der Sand ganz nass ist und das Glas überläuft, halten Sie das Glas dann für voll?

Ich für meinen Teil würde sagen: Ja, aber darauf kommt es hier nicht an. Was zählt, ist, dass man weiß, worauf es ankommt.

Ich erkläre, was ich damit meine. Was wäre passiert, wenn ich nicht die großen Steine zuerst eingefüllt, sondern beispielsweise mit dem Kies begonnen hätte? Hätten sie dann alle in das Glas gepasst? Bestimmt nicht. In dieser Metapher sind die großen Steine die Werte, die Ihrem Leben Sinn verleihen. Das Glas kann für einen Tag, eine Woche, Ihr ganzes Leben stehen … *Die großen Steine repräsentieren das, was Ihnen wichtig ist. Sie müssen zuerst ins Glas.* Die kleinen Steine zählen nicht so viel. Sand und Wasser sind belanglos.

Verabreden Sie sich mit sich selbst

Die Einsamkeit ist ein Raum der Stille, wo nichts das Nachdenken über den Wert der Dinge stört. Kein äußerer Einfluss sollte diesen Moment der innigen Gemeinschaft mit sich selbst trüben.

> Niemand weiß besser als Sie, was für Sie richtig und gut ist.

Das gilt zumindest dann, wenn Sie mit sich selbst in Verbindung sind. Diese Verbindung kann durch Übung entwickelt werden. Obwohl die Qualität der Zeit, die Sie ganz mit sich verbringen, ausschlaggebend ist, sollten Sie nicht den quantitativen Aspekt vernachlässigen, denn auch durch die

Häufigkeit und Regelmäßigkeit dieser Verabredungen mit sich selbst ist gewährleistet, dass Sie Fortschritte machen.
Natürlich können Sie immer wieder Zeiten dazwischenschieben, in denen Sie sich informieren, in denen Sie etwas Neues von Menschen lernen, die Kenntnisse oder Erfahrungen haben, über die Sie nicht verfügen. Doch sobald Sie mit neuem äußerem Wissen »angefüllt« sind, lassen Sie es durch den Filter Ihres kritischen Geistes laufen. Eignen Sie sich das Wissen an, aber nicht, indem Sie es roh verschlingen, sondern indem Sie es verdauen. Und wenn es unverdaulich ist, spucken Sie es wieder aus! Ziehen Sie Bilanz, machen Sie die Rechnung auf! Wägen Sie ab, welches Gewicht Ihre eigenen Entscheidungen haben wie auch die Entscheidungen, die Sie andere für Sie treffen lassen. Um Ihr Glas gut zu füllen, seien Sie auf der Hut vor dem größten Irrtum, dem Sie aufsitzen könnten: der Annahme, Sie hätten keine Zeit für das, was wesentlich für Sie ist. »Ich habe keine Zeit!« ist ein höchst gefährliches Gift, mit dem Sie sich selbst täuschen.

Sich selbst lieben bedeutet auch, sich selbst gegenüber ehrlich sein. Jeden Tag steht Ihnen ein Kapital von 24 Stunden zur Verfügung. Was fangen Sie damit an?

Diese Bilanz kann Angst machen, in innere Kämpfe ausarten. Es ist nicht leicht zu akzeptieren, dass wir seit Jahrzehnten falsche Entscheidungen getroffen haben. Zu erkennen, dass wir uns geirrt haben, verletzt unseren Stolz. Doch wie viel Platz will ich dem Stolz, der Imagepflege zugestehen? Wie viel Platz im Glas sollen die Urteile einnehmen, die andere über mich fällen?
Diese Fragen erfordern Mut. Vogel-Strauß-Verhalten mag vielleicht auf den ersten Blick weniger mühsam sein. Psychisch ist es das zweifellos – kurzfristig. Doch wie steht es mit unserer dauerhaften persönlichen Entwicklung? Die nachhaltige Entwicklung der Welt hängt in hohem Maße davon ab. Die Sichtweise der Experten, die die Krise, in der wir uns befinden, analysieren, ist selten so umfassend, dass sie Psychologie, Philosophie und Spiritualität mit einbezieht. Die Welt ist krank. Warum wird in solchem Ausmaß außer Acht gelassen, dass »unheile«, unglückliche Menschen sie dazu gemacht haben? Letztlich werden die Menschen nur dadurch aus ihrem »Unwohl-*Sein*« hinausgelangen, dass sie von ihrem »Unwohl-*Haben*« geheilt werden. Wie schon der Schriftsteller André Malraux prophezeite: »Das 21. Jahrhundert wird entweder spirituell oder gar nicht mehr sein.« Aus unserem neu belebten Geist wird eine neue,

heilende Gesellschaftsordnung hervorgehen. *Das Erwachen unseres geistigen Reichtums ist auf die stille Innenschau angewiesen.* Die anschließende gemeinsame Nutzung bzw. der Austausch unserer geistigen Erkenntnisse verstärkt die Macht des Individuums, während die Zusammenkunft unreifer Individuen weder die Einzelnen noch die Gesellschaft sich ausreichend weiterentwickeln lässt.

Nun haben Sie hoffentlich bemerkt, dass eine gewisse Dringlichkeit besteht, denn der Vogel Strauß steckt schon zu lange den Kopf in den Sand. Was hat er denn dadurch, dass er seinen Blick schützte, überhaupt geschützt? Während er seinerseits nichts sehen wollte, hat er mehr als genug Zeit gehabt, selbst zum Blickfang für andere zu werden. Ich spreche dabei von Ihnen. Und auch von mir. Wir sollten nicht vor jedem den Kopf neigen und uns klein machen. Etwas mehr Würde bitte! Richten wir uns auf!

»Die Großen erscheinen nur groß, weil wir vor ihnen auf den Knien liegen.«

Pierre Victurnien Vergniaud

Das Heil der Welt hängt von Ihnen und mir ab. Der Kampf muss zuerst in unserem Inneren geführt werden.

> »Sei du selbst die Veränderung, die du dir wünschst für diese Welt.«
>
> *Mahatma Gandhi*

Kreativ sein

Wie steht es mit unserer Kreativität, solange wir die Einsamkeit fliehen? ***Ohne Verbindung mit uns selbst können wir nur das reproduzieren, was andere schon vor uns geschaffen haben.*** Aber das hat mit echter Kreativität nichts zu tun. Was ist denn Kunst, wenn sie nichts Neues an sich hat? Bestenfalls etwas Bekanntes, mitunter subjektiv Schönes. Doch nur in unserem innersten Sein, in den Tiefen der Seele kann sich Originalität herausbilden. Abstand zwischen uns und die Welt bringen bedeutet, dass wir auch Distanz gewinnen zu den uns prägenden soziokulturellen Einflüssen, uns ein Stück weit lösen von unseren Konditionierungen. Diese Einflüsse sind nicht *per se* ungünstig. Sie »färben«

das Werk eines jeden Schöpfers, der von seiner Natur her ein soziales Wesen ist. Doch der aufrechte Mensch wehrt sich dagegen, lediglich das Ergebnis seiner Erziehung zu sein. Es ist eine Frage der Immunität. Man ist entweder durchlässig für das, was von außen kommt, oder man ist es nicht. Das Beste ist, mit Bedacht zu filtern, was in uns aufgenommen werden darf und was draußen bleiben muss.

Wie ein gutes Immunsystem, lassen wir das herein, was gut für uns ist, und halten das fern, was wir als schädlich oder uninteressant beurteilen.

In der Einsamkeit offenbart sich die Einzigartigkeit des Seins.

Es ist daher nicht verwunderlich, dass große Einzelgänger zumeist auch große Schöpfer sind und umgekehrt. Doch ihre Einsamkeit gilt vielen als suspekt und ihre Originalität als beunruhigend. Oft ihrer Zeit voraus, wirken sie durch ihre erneuernde Kraft mitunter verstörend. François Hertel sagte dazu: »*Kreative Künstler können eigentlich nicht beliebt sein. Sie sind zu weit oben, zu unerreichbar. Sie sind zur Einsamkeit verdammt.*«[27] Allerdings würde man eher denken, dass diese Kreativen zur *Isolation* verdammt sind. Auch hier ist es wieder eine Frage der momentanen geistigen Verfassung. Einsamkeit und Isolation sind eng miteinander verbunden. Es steht in unserer Macht, die Wippe geistig in die eine oder andere Richtung zu bewegen. Die eine ist belebend, die andere unheilvoll. Im Allgemeinen wechseln Künstler oft zwischen dem Wohlbefinden der einen und dem Unbehagen der anderen hin und her. Indem sie auf dieses Wechselspiel verzichten, nähren einige Dichter und andere Künstler ihre düstere Kunst der angsterfüllten oder depressiven Stimmungen. Manche klammern sich daran wie an einen Rettungsreifen, um nicht das zu verlieren, was sie für ihre einzige Quelle der Inspiration halten. Allein starke Seelen, wahre Einzelgänger, die inspiriert sind von der Begegnung mit ihrer Einzigartigkeit und ihrem inneren Reichtum, befinden sich dauerhaft in einem Zustand gelassener Ruhe, die aus einer tiefen Selbsterkenntnis und Selbstachtung erwächst.

»Ein großer Mann gleicht einem Adler; je höher er sich aufschwingt, desto schwieriger ist er zu erkennen, und so muss er seine Größe mit der Einsamkeit seiner Seele bezahlen.«

Stendhal

Wieder die Strafe der Isolation? Unter den Großen haben sehr wenige den Frieden des Alleinseins erlebt. Erkennen wir an, dass es schwierig ist, am Rande der Gesellschaft zu leben. Und dass es uns niemand beibringt … ***Ich hoffe sehr, dass dieses Buch nicht überheblich auf Sie wirkt. Es ist mir ein großes Anliegen, Ihnen eine nützliche Hilfe an die Hand zu geben, damit Sie ein Gleichgewicht zwischen Schafsgehorsam und der leidvollen Erfahrung, von anderen negativ beurteilt oder gar geächtet zu werden, finden können.***

Wenn Sie an der kreativen Macht der Einsamkeit zweifeln, machen Sie einmal selbst die Erfahrung und erleben Sie, wie viele unveröffentlichte, noch nicht da gewesene Themen Ihrem neu belebten Wesen entspringen. Ich für meinen Teil bin erstaunt darüber, was ich in drei Tagen Einsamkeit produziert habe.

4

Samstag, 22. Mai

Champagny-en-Vanoise, es ist kurz nach Mitternacht und ich hänge noch eine weitere Nacht in Einsamkeit an die vorhergehenden an. Wird sie schlaflos sein? Das Wachen ist für die Schlaflosigkeit, was die Einsamkeit für die Isolation ist. Ich liebe diese Nacht voller Verheißungen, die immer weiter vorrückt.

Ich bin am Freitag doch nicht nach Bozel gegangen. Selbst außerhalb der Hauptsaison ist mir dieses charmante kleine Dorf, das auf 1000 Meter Höhe liegt, in diesen Zeiten der inneren Sammlung zu belebt. Und mein Hunger peinigt mich nicht so sehr, dass es mich stören würde. Also schöpfe ich mühelos aus meinen Reserven. »*Einsamkeit ist eine Speise, die allein eingenommen wird.*«[28] Am Nachmittag bin ich zum Schreiben in die Berge gegangen, doch dieses Vorhaben erwies sich als schwierig, und so schrieb ich schließlich das: »Der Berg ist definitiv zu schön, als dass er mich nicht

ablenken würde. Ich gehe in mich. Die Wohnung in Champagny wird mir als Höhle dienen. Ich brauche immer noch eine kleine Krücke.«
Von jetzt bis zum Sonnenaufgang werde ich das Buch beendet haben. Ich weiß es jetzt. Vor meiner Ankunft hier hatte ich eine verschwommene Eingebung, die einer Herausforderung glich. Ich liebe Herausforderungen, sie reizen mich. Ich dachte, wenn ich mich isoliere, wäre ich produktiv. Vielleicht nicht so sehr, dass ich dieses Buch in fünf Tagen schreiben könnte. Es war eine vage und zugleich aufregende Vorstellung, doch ich zweifelte daran, dass sie realistisch war, und hängte mich nicht zu sehr daran. Ich war zuversichtlich, dass ich in Champagny gut vorankommen würde, aber ich hielt es für wahrscheinlich, dass ich das Schreiben zu Hause beenden würde, trotz E-Mails, Telefon, anderer Leute …
Doch die drei Tage haben ausgereicht. Ich habe es zwar nicht so geplant, aber ich finde, es ist eine schöne Demonstration der kreativen Kraft, die sich auf dem fruchtbaren Boden der Einsamkeit entfaltet. Das hat mich ehrlich verblüfft, und ich teile dieses Erstaunen mit Ihnen. Es ist eines der Paradoxe dieses Buches, dass es meiner Erfahrung der Einsamkeit, in die ich Sie beim Schreiben während der drei Tage meiner Abgeschiedenheit so

stark eingebunden habe, eine Grenze setzt. Eine Flucht vielleicht, ein Mittel, einem Zuviel an Einsamkeit zu entgehen? Beinahe hätte ich diese Mischung aus Schnelligkeit und Effizienz als ein Ausweichmanöver zum Verkürzen meiner Einsamkeit interpretiert. Aber ganz ehrlich: Ich habe es absolut nicht eilig, diesen Ort zu verlassen. Wenngleich diese Leistung meinem Ego schmeichelt und ich den Druck verspüre, mit Stolz meine Arbeit zu rühmen, um meinen Platz innerhalb der »Herde« zu bestätigen. Von solchen Anwandlungen bin ich durchaus noch nicht ganz frei …

Freiheit

Einen Großteil unseres Lebens verbringen wir damit, vor der Freiheit zu fliehen. Obwohl wir in der Tat sehr schlecht auf sie vorbereitet sind, fordern wir sie scheinheilig. Immer nach dem alten, überlebten Muster des Habens. Wir wollen die Freiheit, Dinge zu besitzen und zu genießen. Die Freiheit des Seins ist dagegen so furchterregend, dass wir sie kaum je erwähnen. Zu den Philosophen, die sich näher mit ihr befasst haben, gehört Jean-Paul Sartre. Ein Satz von ihm beflügelt meine Seele seit Jahren:

»Ich bin davon überzeugt, dass der Mensch immer etwas aus dem machen kann, was man aus ihm macht.«

Jean-Paul Sartre

Was mache ich mit dem, was man aus mir gemacht hat?
Eine delikate, faszinierende Frage!
Schmecken Sie sie!
Kosten Sie sie!
Meditieren Sie über sie!
Kneten Sie sie durch!

Ich werde nicht müde, sie immer und überall zu wiederholen. In seiner Philosophie der Freiheit[29] betrachtet Sartre den Einfluss der Kultur auf die Menschen und ihre Entwicklung. Unsere anerzogenen Konditionierungen haben uns mit einem inneren Rüstzeug ausgestattet, das wir uns nicht ausgesucht haben und das aus selbstverständlichen Grundannahmen, Gewohnheiten und Überzeugungen besteht. Weil ein Kind noch keinen kritischen Verstand hat – oder nur in sehr geringem Maße –, nimmt es wahllos alles auf, was ihm von seinen Eltern oder Bezugspersonen eingeschärft wird. Unabhängig davon, ob diese sich dem Kind gegenüber wohlwollend verhalten oder nicht: Es sind und bleiben die Überzeugungen eines anderen. *Daher muss jeder Mensch, sofern er bereit ist, seinen Verstand einzusetzen, lernen auszusortieren, was er behalten will und was nicht.*

Bei diesem Großputz, der zu allen vier Jahreszeiten günstig ist, könnten wir beispielsweise erforschen, ob unsere moralischen Auffassungen stichhaltig sind. In dem sehr jungen Alter, in dem sie dem Kind auferlegt werden, ist es noch nicht fähig zu beurteilen, ob sie zutreffen oder für jeden Kontext angebracht sind. Seine primäre Abhängigkeit treibt es dazu, das, was es oberflächlich über Gut und Böse lernt, vorbehaltlos anzunehmen. Sich so früh dagegenzustellen (und ohne wohlüberlegten Grund) würde das Kind einer gefährlichen Isolation aussetzen. Das ist und bleibt eine unbestreitbare Realität und ist kein Grund, sich zu beklagen. Das Reifen des präfrontalen Cortex – des Hirnareals, das eine wesentliche Rolle spielt bei der emotionalen Bewertung von Erfahrungen, der Planung von situationsangemessenem Handeln und der Entscheidungsfindung – vollzieht sich langsam, die Natur hat es so »gewollt«. Es ist also normal, dass ein Kind hauptsächlich dadurch lernt, dass es folgsam die Überzeugungen, die seine Umgebung ihm vermittelt, in sich aufnimmt. Das Immunsystem unserer Seele ist nicht darauf hin angelegt, schon in jungen Jahren von außen kommende Gedanken zu filtern, die uns konditionieren. Nicht normal bzw. natürlich – also von der Natur vorgegeben, uns innewohnend – ist dagegen der Umstand, dass wir diesen »intelligenten« Teil unseres Gehirns, während er anatomisch und funktionell immer mehr heranreift, weiterhin so wenig nutzen.

Konditionierung erkennen

»Es liegt bei jedem von uns, sich selbst zu gehören«, könnte man das Sartre'sche Denken grob zusammenfassen. Um uns von konditionierten Gedanken zu befreien und nur das Beste für uns daraus zu ziehen, ist es wichtig, zu sortieren, zu lernen, so früh wie möglich unser kritisches Denken zu benutzen. Ein erstes Hinterfragen geschieht meist in der Pubertät, häufig auf brutale, oberflächliche Art und Weise. Dabei ist es eine legitime Etappe auf dem Weg der Emanzipation, sich zunächst für die umgekehrte Karikatur dessen, was man gelernt hat, zu entscheiden. Von der Abhängigkeit zur Gegen-Abhängigkeit überzugehen ist eine ziemlich konfliktbehaftete, doch quasi unumgängliche Gegenreaktion. Und von der Gegen-Abhängigkeit zur wechselseitigen Abhängigkeit zu gelangen ist möglich, indem man lernt, Zugeständnisse zu machen – ohne faule Kompromisse einzugehen. Der Übergang von der wechselseitigen Verflechtung zur Autonomie wiederum ist im Prozess unserer Sozialisation eine komplexe Phase. Sie flirtet munter mit der Freiheit. Hier ein *offener Brief an meine Kultur,* den ich in den 1990er-Jahren geschrieben habe:

Liebe KULTUR,

ich schreibe dich in Großbuchstaben, nicht weil du es mir im Lauf unserer gemeinsamen Jahre indirekt befohlen hättest, sondern weil mir scheint, dass etwas in mir aufkeimt, das echtem Respekt gleichkommt und mit einer komplexen Form der Dankbarkeit dir gegenüber einhergeht – und sei es nur durch mein Gefühl, dass ich dir meine innere Struktur, mein geistiges Gerüst verdanke.
Um dich auf den Ton vorzubereiten, in dem diese Mitteilung, die Distanzierung und Innenschau miteinander kombiniert, verfasst ist, sollte ich dich wohl besser warnen, dass ich sowohl liebevoll als

auch kritisch sein werde. Ich weiß, dass ein Teil von dir Überraschungen und Unvorhergesehenes im Allgemeinen nicht besonders mag. Darum habe ich im Lauf unserer Beziehung gelernt zu erkennen, ob dir etwas gegen den Strich geht, und auf deine Empfindlichkeiten Rücksicht zu nehmen. Es tut mir leid, dass ich es erst relativ spät gelernt habe, aber ohne dir zu nahetreten zu wollen, glaube ich, dass es an dir gewesen wäre, es mir beizubringen. Allerdings: Wenn ich darüber nachdenke, dann verdanke ich teilweise dir dieses späte Lernen bzw. diese Erkenntnis, und es wäre sehr ungerecht, dir vorzuwerfen, dass ich es nicht früher gelernt habe, denn dieses gemeinsame Interesse verfügte offensichtlich damals nicht über die Mittel und Wege, die heute für Frieden in unserer fast unvermeidbaren Zwangsgemeinschaft sorgen. Was denn?! Bist du jetzt etwa schockiert? Du bist wirklich besitzergreifend! Na gut, hör zu, ich möchte eines zwischen uns klarstellen: Ich erinnere mich nicht, dass ich mir ausgesucht hätte, mein Leben mit dir zu verbringen. Und wenn wir auch in Zukunft einiges gemeinsam durchleben müssen, wovon ich im Prinzip ausgehe, dann möchte ich dir gleich sagen, dass es außer den Dingen, die ich an dir mag, andere Aspekte gibt, mit denen ich absolut nicht einverstanden bin.

Komm schon, jetzt ereifere dich nicht! Du wirst sonst noch die Nerven verlieren. Eben habe ich noch gesagt, dass wir inzwischen Mittel und Wege gefunden haben, besser miteinander zu kommunizieren, und schon geraten wir uns in die Haare. Wie sieht das denn aus vor den Leuten? Und – na so was: Das ist wieder so eine Sache, die von dir ausgeht, diese ständige Sorge, was die Leute denken könnten, und diese Besessenheit, den Anschein der Übereinstimmung anzustreben. Ich bin wieder einmal auf deine Vorurteile hereingefallen.
Zunächst mal: Wer ist das denn überhaupt – »die Leute«? Du sprichst von ihnen wie von einer homogenen Masse, einer gleichartigen Herde. Das schaffst du wohl nie, eine Gruppe als eine Ansammlung von Individuen aufzufassen. Und genau das, verstehst du, ist Teil dieser tiefen Meinungsverschiedenheit, die ich mit dir habe. Ich will äußern dürfen, was ich denke, fühle, worauf ich Lust habe, und dabei das Risiko eingehen, mich dem Urteil der Menschen auszusetzen, die deine »Kollegen« vielleicht manipulieren, so wie es dir noch zu oft gelingt, mich zu manipulieren.
Und warum auch nicht meine offensichtlichen Widersprüche äußern und akzeptieren, wie z.B., dass ich eigentlich nur eine partielle Befreiung von deinem Joch gefordert habe und es leider immer noch

vorkommt, dass wir uns streiten, dass der Frieden zwischen uns immer noch nicht stabil ist? Aber sag mal: Sind wir wirklich Feinde? Zwei Königreiche, die sich gegenüberstehen? Zwei Vasallen desselben Königs, die miteinander konkurrieren? Zwei rivalisierende Brüder? Wir kommen nicht um die Feststellung herum, dass uns vieles entzweit. Doch ich spüre, dass dich schon allein das Erwähnen des Wortes »zwei« in Harnisch bringt, das uns voneinander trennt und unterschwellig voraussetzt, dass es definiert wird. Ich sehe sehr wohl, dass du eine Verschmelzung forderst, dass du die Gemeinschaft kultivierst und dass die daraus resultierende Unschärfe deinen Gepflogenheiten entgegenkommt. Ich sehe durchaus den Nutzen und die Bereicherung durch eine Partnerschaft, aber ich empfinde auch die innere Notwendigkeit zu unterscheiden, was ich bin und was du bist.

Philosophen, Metaphysiker, Moralisten, Mystiker, Psychologen, Herr Müller, Frau Ahmed und noch viele andere befassen sich seit Jahrtausenden mit dieser Frage. Ein Teil des Mysteriums besteht jedoch fort. Die Erfahrung und der Abstand, den die vielen Generationen mit sich bringen, haben eine Wolke der Relativität über die Gewissheiten versprüht, die sich peu à peu in Hypothesen verwandeln, deren Glaubhaftigkeit, wie es scheint, sich

allmählich ermessen lässt. Aber kann es eine wissenschaftliche Psychologie überhaupt geben? Und kann man das Studium der Seele rational angehen? Ja genau, darüber sprechen wir jetzt, wir beide: über das virtuelle Reich der Psyche.
Korrigiere dich, wenn du mich täuschst: Es ist doch offenbar so, dass Unwissenheit deine Vorherrschaft über dieses Reich fördert. Wundere dich also nicht, dass ich versuche, uns besser kennenzulernen. Wenn ich auch mitunter darauf verzichte, dir verständlich machen zu wollen, dass wir bei dieser Suche ein gemeinsames Interesse haben, so möchte ich dennoch gerne in Erinnerung rufen, dass deine starren Schwarz-Weiß-Schemata für den Umgang mit Neuem und Komplexem fast nie im Einklang mit der Realität sind. Ich muss jedoch anerkennen, dass deine Automatismen für den Umgang mit Bekanntem mitunter weniger Aufwand erfordern und dass du uns im Alltag dadurch Zeit ersparen kannst. Doch in einer Welt wie unserer, die sich immer schneller verändert, verwechselst du immer häufiger das, was ist, mit dem, was du zu kennen glaubst.
Ich denke, wir leben in einer Epoche, in der die Notwendigkeit oder sogar die Dringlichkeit wächst, dass du die Verantwortung abgibst, sodass auf diese Weise Konditionierungen durch Kreativität

ersetzt werden können. Ich stelle deine Fähigkeiten, dich anzupassen, nicht grundsätzlich infrage – sie waren sicherlich vor langer Zeit einmal gut –, ich stelle lediglich fest: Je mehr Zeit vergeht, umso mehr entfernt sich deine Sichtweise der Welt von dem, wie sie in Wirklichkeit ist. Also suche ich, wie so viele vor mir. Und durch das Suchen und den Austausch mit anderen Suchenden habe ich letztendlich festgestellt, dass die Neurowissenschaften uns viel über die biologischen Prozesse lehren können, die unseren Gedanken, Gefühlen und Handlungen zugrunde liegen. Jetzt schaust du ungläubig, aber das stört mich nicht. Es erscheint mir sinnvoll, nicht blauäugig der ersten verlockenden Hypothese zu folgen, die vorgibt, einen Teil des Geheimnisses zu erklären. Doch du ahnst es schon: Seit ich mich damit abplage, deine Gewissheiten infrage zu stellen, habe ich einige gewichtige Argumente angesammelt, bevor ich den Lösungsansätzen größeren Glauben schenke, die mir bestimmte wissenschaftliche Untersuchungsmethoden liefern.

Insbesondere einige Entdeckungen im Bereich der Neurowissenschaften und der Verhaltensforschung haben meine Aufmerksamkeit geweckt. Ich erinnere dich daran, dass schon vor einigen Jahrzehnten die Forschungen über die Funktionsweise unseres Nervensystems ergeben haben, dass drei

Ebenen der Organisation des Gehirns unterschieden werden können. Man könnte auch sagen, dass sich im Schädel jedes Menschen drei Gehirne befinden. Das wäre nichts wirklich Neues, wenn nicht inzwischen umweltbezogene Forschungen (d. h., multidisziplinäre, systemische Studien) zu einer Neuordnung der Informationen geführt hätten, die die wichtigen Funktionen dieser Gehirne betreffen. Und die Synthese, die sich daraus ergibt, kann offenbar nicht nur zu einem besseren Verständnis der neurophysiologischen Prozesse beitragen, die unseren psychischen Zuständen zugrunde liegen, sondern auch und vor allem konkrete Maßnahmen ermöglichen, um bewusst auf diese Mechanismen einzuwirken. Das Ziel all dessen ist, besser mit den Auswirkungen unserer psychischen Probleme (Stress, Konflikte, Rigidität, Ängste, Blockaden ...) umgehen zu können, aber auch die inneren Ursachen zum Verschwinden zu bringen.

Seit über zehn Jahren[30] sind die praktischen Umsetzungsmöglichkeiten, die sich aus diesen Arbeiten ergeben, in verschiedene Sektoren der Humanwissenschaften vorgedrungen, insbesondere in die der Kommunikation und der Psychologie. Und was ändert sich dadurch für dich und mich? Nun, zunächst, dass es dich gibt und dass es mich gibt!

Und das ist in meinen Augen weder eine Binsenweisheit noch ein belangloses Detail. Ich habe im Vorhergehenden bereits die Vorstellung der Abspaltung bzw. Trennung voneinander erwähnt – insbesondere in diesem Punkt vollzieht sich in der Biologie eine entscheidende Begegnung mit der Metaphysik. Ich erkläre das näher, auch auf die Gefahr hin, dass du mich ein bisschen zu schulmeisterlich findest.

Unter den drei Organisationsebenen des menschlichen Gehirns ist die entwicklungsgeschichtlich älteste – der Hirnstamm, auch »Reptiliengehirn« genannt – für unsere vitalen Bedürfnisse zuständig. Er hat die Funktion, unsere körperliche Unversehrtheit zu bewahren (indem wir trinken, essen, auf Angriffe reagieren …). Seine Arbeitsweise ist stereotyp und angeboren, da genetisch codiert. So weit unterscheidet uns diese Funktion nicht von anderen Tieren.

Die zweite Ebene ist das limbische System. Es entwickelte sich in der Stammesgeschichte gleichzeitig mit den ersten Säugetieren und wird daher auch als »Säugetiergehirn« bezeichnet. Das limbische System ist das Gehirn der automatischen Reaktionen, der Konditionierungen; sein Lernmodus funktioniert auf Grundlage der Verknüpfung von Ereignissen. Verhalten, das positiv verstärkt wird (durch Belohnung), prägt sich uns ein und wird zu gängigem, gewohntem Handeln, während Verhalten, das negativ verstärkt wird (durch Bestrafung), Vermeidungsstrategien hervorruft. Zeit und Gewohnheit erledigen den Rest. Die daraus resultierende Programmierung definiert den Rahmen dessen, was ein Mensch meint, tun zu dürfen, und was ihm nach seiner Auffassung verboten ist. Die diversen psychologischen Ansätze (alle Richtungen zusammengenommen) sind sich in einem Punkt einig: Dieser Rahmen wird im Wesentlichen in den allerersten Jahren der Kindheit entwickelt.

Ja, ich stimme mit dir darin überein, dass dieser Rahmen notwendig ist, und ich behaupte sogar, er ist lebenswichtig angesichts der Tatsache, dass Urteilsfähigkeit und kritischer Verstand sich erst im späteren Verlauf der Persönlichkeitsentwicklung ausbilden. Eines der Hauptprobleme liegt darin, dass selbst dann, wenn bestimmte Konditionierungen einem Entwicklungsstadium des Kindes angepasst sind, die daraus hervorgehenden Denk- und Verhaltensweisen sich mit der Zeit verfestigen und noch im Erwachsenenalter fortbestehen – und das, obwohl sie dann nur noch selten an die sich unweigerlich wandelnde Realität angepasst sind.

Schließlich gibt es die dritte Ebene unseres Gehirns – Neocortex genannt –, die im Gegensatz zu den beiden ersten nicht schon bei der Geburt fertig ausgebildet ist. Der Neocortex – die Großhirnrinde – ist, einfach gesagt, der Sitz der Intelligenz, und wir haben ihn mit allen höheren Säugetieren gemeinsam. Was uns von ihnen unterscheidet, ist die ausgeprägte Entwicklung des präfrontalen Teils des Neocortex. Er entspricht dem dritten Gehirn, das alles Neue und Komplexe reguliert. Der präfrontale Neocortex ist imstande, sich anzupassen und dabei die zahlreichen Elemente zu berücksichtigen, die die Wirklichkeit bilden. Dies geschieht durch das ausgefeilte Zusammenspiel der beiden Gehirnhälften: Die Intuition (Funktion der rechten Großhirnhemisphäre) wählt aus unendlich vielen wahrscheinlichen Hypothesen einige aus. Diese werden von der linken Großhirnhemisphäre durch das Sieb einer Analyse gefiltert, die die logische Verknüpfung von Ursache und Wirkung erstellt.

Und nun komme ich endlich auf das zu sprechen, was meines Erachtens eine höchst originelle und bereichernde Begegnung zwischen Biologie und Metaphysik ist. Kann diese neurophysiologische Ausgangssituation die Debatte bereichern, die sich um die Frage rankt: *Wovon, von wem spreche ich, wenn ich »ich« sage?*

Meine liebe Kultur, es wäre etwas zu vereinfachend, dich mit dem Gewebeklumpen zu identifizieren, der mir als limbisches System dient. Dennoch spiegeln meine Konditionierungen definitiv eine kulturelle Umgebung wider, die ICH mir nicht ausgesucht habe. Es wäre ziemlich reaktiv und somit limbisch, das Kind mit dem Bade auszuschütten und dich schlicht und einfach zu verleugnen. Folgendes ist mir bewusst: Es ist meine Aufgabe, dem Rahmen, so starr er auch sei, den du mir (oft mit Wohlwollen) auferlegt hast, das zu entnehmen, was wirklich meins ist – vielleicht, indem ich mich mit meinem Verstand identifiziere –, und es in einen anderen Rahmen zu integrieren. Diesen anderen Rahmen wünsche ich mir flexibler, und es reizt mich, ihn als »meinen« zu bezeichnen.

Ich kenne dich, als hättest du mich gemacht. Du warst der Lehrmeister meiner Kindheit und Jugend, das Spalier meines Rückgrats. Ich empfand dich als schützend, und das warst du auch, doch du bist aufdringlich geworden. Ich empfand dich als strukturierend, und das warst du auch, aber nun bist du verknöchert geworden. Natürlich wirft man einem Blinden nicht vor, dass er nichts sieht. Es ist deine Funktion, so zu sein, wie du bist, und du hast deine Aufgabe sehr gut erfüllt. Dein Einfluss auf mich wird natürlich weiter bestehen, aber solcherart, dass ich zunehmend wachsam sein muss, wenn ich nicht nur eine unterwürfige Projektion von dir sein will. *Denn es ist meine Aufgabe, mir selbst zu gehören.*

In seiner Entwicklungsskala präsentiert der Psychologe und Erziehungswissenschaftler Lawrence Kohlberg sechs Stufen der Moralentwicklung. Ihm zufolge sind erst Erwachsene auf der sogenannten postkonventionellen Ebene in der Lage, vorgegebene moralische Werte zu hinterfragen und damit vom normativen Gehorsam zur verantwortungsbewussten Selbstverpflichtung einer persönlichen Ethik zu gelangen (mit rebellischen und reaktiven Etappen, wie man sich vorstellen kann). Was wir uns in diesem Zusammenhang merken sollten: *Moral wird von außen auferlegt, während Ethik selbst erarbeitet bzw. ausgebildet wird.*
Und wieder ist es der heilige Tempel unserer Einsamkeit, in dem Emanzipation möglich wird. Im Gegensatz zu dem, was das Grundgesetz verkündet, ist Freiheit kein Recht, sondern eine Pflicht für jeden, der sich seines Menschseins würdig erweisen will. Sie lässt sich nur um den Preis einer einsamen, wagemutigen Suche erlangen. Sie ist der Gral, der die anfängliche Prüfung der einsamen Innenschau vollendet. Wir werden nicht frei und

gleich geboren, sondern unterschiedlich und unterjocht – durch die doppelte Illusion der Gleichheit und der Freiheit.

Kurz gesagt, wir sind nicht von Geburt an frei, sondern wir werden es erst: »Geh, lebe und werde!«[31]

Wenn das Jüngste Gericht wirklich kommen sollte, zweifle ich daran, dass ich an jenem Tag gefragt werde, ob ich in die Kirche gegangen bin. In diesem erhabenen Moment wird man sich, nehme ich an, für wichtigere Themen interessieren. So würde ich z.B. nicht gerne gefragt: »Warum warst du nicht du selbst?« Und Sie?

Das Absolute

»Einen unmöglichen Traum träumen
Den Kummer des Abreisens ertragen
Mit dem Fieber des Möglichen brennen,
Dorthin gehen, wo niemand hingeht
Lieben, bis es mich zerreißt
Lieben, sogar zu sehr oder schlecht
Versuchen, kraftlos und ohne Rüstung
Den unerreichbaren Stern zu erreichen …«[32]

Darin besteht die Suche des einsamen Träumers: dem Stern zu folgen. Egal, wie gut seine Chancen stehen, wie viel Zeit die Suche ihn kostet, wie verzweifelt er ist – all das spielt für ihn keine Rolle. Er kämpft immer weiter, ohne zu fragen oder zu rasten, riskiert für das Gold eines Liebesworts Kopf und Kragen. Er weiß nicht, ob er dieser Held sein wird, aber sein Herz hätte Frieden, und die Städte wären in Blau getaucht, weil ein Unglücklicher selbst dann noch brennt, wenn bereits alles verbrannt ist, noch brennt, wenn auch zu sehr, zu schlecht, bis er sich am Ende vierteilt, um ihn zu erreichen: den unerreichbaren Stern.[33]

Fiktive und reale Helden legen die Latte sehr hoch. Das bringt wiederum andere zum Träumen. Manche lassen sich von dieser ehrgeizigen Höhe inspirieren, um ihren Idealismus zu nähren. Ritter, Mystiker, Krieger, Forscher, Sportler, Kämpfer für Gerechtigkeit, Wissenschaftler, Politiker, Aktivisten, Umweltschützer, Utopisten, Liebende ... in welchen Bereich auch immer sie ihre Ideale projizieren, einige von ihnen fühlen sich von dem, was alle wissen, keineswegs beschränkt. Davon zeigte sich schon Goethe beeindruckt: »Den lieb ich, der Unmögliches begehrt.«

Einige gehen an ihren verrückten Träumen zugrunde. Andere halten an ihnen fest und trotzen den vergifteten Pfeilen der Verachtung. Hin und wieder gelingt es einem dieser Träumer, tatsächlich etwas zu entdecken, zu erfinden, zu beweisen, und dann herrscht einhellige Verzückung wegen seines Genies und seiner Beharrlichkeit. Mitunter rächen sich die zunächst Verkannten und kehren das Kräfteverhältnis in unserer immerwährenden Herdenlogik um. Doch manchmal tragen Bescheidenheit und Talent auch ohne Aufsehen den Sieg davon.

»Fliegen, das ließ sie träumen
Lange verspottete man diejenigen,
die das für möglich halten,
Was die Menge nicht kennt – höchste Zeit,
es neu zu erfinden.
Doch die meisten halten sich für blind
gegenüber dem nicht Sichtbaren.«[34]

»Wenn eine Einsamkeit existiert, in der der Einsame ein Zurückgelassener ist, so existiert auch eine, in der er deswegen allein ist, weil die Menschen ihn noch nicht eingeholt haben.«

André Malraux[35]

Immens ist die Einsamkeit von Häftlingen, Geiseln, Deportierten, Exilanten … Der äußeren Freiheiten beraubt, finden manche von ihnen in sich die Ressourcen, um durch ein Schlupfloch des Lächelns vom Verlies der Isolation in die Zelle der Einsamkeit überzuwechseln. Der französische Herzog Karl von Orléans war während des Hundertjährigen Krieges mit England 25 Jahre lang eingekerkert. Sich mit gutem Willen in ein schlechtes Schicksal fügend, machte er die Einsamkeit zu seiner Verbündeten und schrieb: »Sie erweist sich immer als fruchtbar, sogar glücklich für den, der sie würdigt, statt vor ihr zu fliehen.«

Spiritualität und Einsamkeit

Zu denjenigen, die sich für einen längerfristigen Rückzug in die Einsamkeit entscheiden, gehören Asketen, Einsiedler, Mystiker … Manche strahlen in der freiwilligen Abgeschiedenheit eine immense Freude aus, ihr Gesicht leuchtet – und lässt keinen Zweifel an der Echtheit ihrer friedvollen Einsamkeit. Die freudvolle Genügsamkeit des »Menschen, der zur Einfachheit gefunden hat«, ist eine großartige Lektion der Bescheidenheit. Dieser Weg der Befreiung von allem Überflüssigen zeigt besonders Menschen, die nach Geld oder Macht gieren, dass

Wohlergeben und Besitz kaum zusammengehen. Ein solches »entlastetes« Leben erinnert an die Feststellung Diogenes': *»Reich ist, wer sich selbst genügt.«*

Große Einzelgänger, die ein Nomadenleben führen, sind Pilger, Reisende, Erforscher ... Manche sind zu Fuß unterwegs, andere reisen mit dem Schiff, mit dem Auto, im Zug oder im Flugzeug. Sie suchen sich selbst auf dem Weg. Und die Weisesten von ihnen wissen, dass nicht das Ziel der Weg ist, sondern der Weg das Ziel. Das Ziel des Jakobsweges ist nicht Santiago de Compostela als letzte Station, sondern der Weg dorthin. Mekka ist weniger als der Sand unter den Füßen der Pilger.

Große Einsiedler kommen nicht um die Spiritualität herum. Entweder suchen sie sie und finden sie in der Einsamkeit. Oder die Spiritualität findet zu ihnen, weil sie allein sind. In der Welt des Geistes vollzieht sich durch die Einsamkeit eine alchemistische Umwandlung. Dadurch, dass der spirituelle Mensch sich *vertikal ausrichtet*, bildet er eine Einheit mit dem Universum. Obwohl allein, ist er jederzeit voll und ganz bei uns. Weit entfernt von der neurotischen Verschmelzung der bedürftigen Partnerschaft, kommt es hier zu einer reiferen Form der Wiedervereinigung, nachdem zuvor eine Trennung stattgefunden hat.

»Die Seele hört auf, einsam zu sein,
wenn sie zum Heiligtum wird.«

Bernard von Clairvaux

Und zum Schluss: Das Relative

Das vorhergehende Kapitel wirkt möglicherweise etwas elitär, denn in unserer Gesellschaft gibt es wenige Einsiedler. Ich bin mir nicht sicher, ob es Ihnen von Nutzen sein kann, und möchte am Ende dieses Buches, so nah am Ziel (das nicht das Ziel ist) ein wenig relativieren.

Einsamkeit ist kein Selbstzweck. Ich für meinen Teil betrachte sie als eine wesentliche Hilfsquelle, um befriedigende soziale und emotionale Bindungen mit anderen eingehen zu können: Sich mit sich selbst wohlfühlen, um sich mit anderen wohlzufühlen.

Ich betrachte mich als Beziehungswesen. Vor diesem Hintergrund sehe ich den Weg der Einsamkeit, wie ich ihn verstehe, als notwendige seelische Vorbereitung unserer selbst darauf, mit anderen Wesen auf reife Weise in Verbindung zu treten. Es geht darum, Körper, Seele und Geist in Einklang zu bringen. Die positive Einsamkeit führt zu einer Übereinstimmung zwischen Gedanken, Gefühlen und Taten. Der aufrechte Mensch ist ausgerichtet, zentriert, im Gleichgewicht. So sind wir aber nicht von Natur aus. Wir werden es erst, indem wir unser Wesen in dem Maße formen, wie wir es mit liebevoller Neugierde erforschen.

Ich wünsche Ihnen von ganzem Herzen, dass Sie diese nie versiegende Quelle der Liebe entdecken, die Ihnen innewohnt.

Champagny-en-Vanoise, Samstag
22. Mai 2010, 4.56 Uhr

Anmerkungen

1 Auszug aus dem Gedicht *Wenn* von Rudyard Kipling (Vater des Einzelgängers Mowgli aus dem *Dschungelbuch*), ins Deutsche übertragen von Lothar Sauer.

2 Wenn Sie *Der kleine Prinz* von Antoine de Saint-Exupéry noch nicht kennen: Das Buch hat mich beim Schreiben sehr inspiriert, und ich kann Ihnen nur empfehlen, es zu lesen.

3 »La solitude ça n'existe pas« von Jacques Bécaud. Deutscher Text des Titels »Die Einsamkeit, die gibt es nicht«, transkribiert von der Aufnahme aus dem Album *Unsterblich. Seine größten Chansons* (Übersetzer nicht angegeben).

4 In: *Les Ailes du destin*. Libre Expression: Montréal 2002.

5 In seinem Chanson *La pêche à la ligne*, 1985.

6 Dieser Text entstammt dem berühmten Buch von Marianne Williamson, *Rückkehr zur Liebe* (Goldmann: München 1993). Nelson Mandela zitierte ihn in seiner Antrittsrede als Präsident Südafrikas (1994).

7 *C'est décidé, je m'aime. Le pourquoi et le comment de l'estime de soi.* Jouvence: Genf 2009.

8 Edmond Jabès: *Das kleine unverdächtige Buch der Subversion.* Carl Hanser Verlag: München 2007.

9 Um mehr über diese bekannte Motivationstheorie zu erfahren, lesen Sie *Motivation und Persönlichkeit* von Abraham Maslow (rororo: Reinbek b. Hamburg 1981).

10 Stanley Milgram: *Zur Gehorsamsbereitschaft gegenüber Autorität*. rororo: Reinbek b. Hamburg [14]1984. In der Dokumentation *Entdecke! Das Böse in uns* (US-Original: *Curiosity: How Evil Are You?*) nahm der Discovery Channel im Jahr 2011 Bezug auf das Experiment und zeigte Stanley Milgram sowohl im Experiment als auch im Interview.

11 *Rêves de gosse*, 2009, Chanson von Hervé Magnin aus dem Album *Silence on tourne*, 2009.

12 Auszug aus *Morgenröte. Gedanken über die moralischen Vorurteile.* Anaconda: Köln 2011 (Erstveröffentlichung 1881).

13 *Cartas literarias a una mujer,* 1861.

14 Jacqueline Kelen: *L'esprit de solitude.* Albin Michel: Paris 2005.

15 *Le papillon-tortue*, 1988, Chanson von Hervé Magnin aus dem Album *Silence on tourne*, 2009.
16 *Mendiant de l'amour*, Enrico Macias, 1981.
17 Aus dem Chanson *Ne me quitte pas* (»Verlass mich nicht«) von Jacques Brel, 1959.
18 *En quarantaine*, 2007, Chanson von Hervé Magnin aus dem Album *Silence on tourne*, 2009.
19 Um mehr zu erfahren, lesen Sie die Bücher von Elisabeth Kübler-Ross, z.B. *Interviews mit Sterbenden*. Droemer Knaur: München 2001.
20 Georges Moustaki, *Ma Liberté*, 1970.
21 *Seul*, Text von Lux Plamondon, gesungen von Garou, 2000.
22 *Die Bibel*, Genesis 2,18.
23 Diese hübsche mathematische Formel entstammt dem Kapitel »La Richesse intérieure«, *op. cit.*, von Jacqueline Kelen.
24 Michel de Montaigne, *Die Essais*. 1. Buch, Kap. 39, »Von der Einsamkeit«.
25 *Silence on tourne*, 2006, Chanson von Hervé Magnin aus dem gleichnamigen Album, 2009.
26 Epiktet war ein genialer Philosoph, ein Vertreter der Stoa, der vor etwa 2000 Jahren auch gesagt hat: *»Mensch, wenn du einer bist, dann musst du auch allein spazieren gehen und mit dir selbst reden.«*
27 Auszug aus *Anatole Laplante, curieux homme.* 1944.
28 Achille Chavée, *Décoctions II – Aphorismes.* La Louvière, Daily Bul, 1974.
29 Lesen Sie beispielsweise *Das Sein und das Nichts.* rororo: Reinbek b. Hamburg [17]1993.
30 Zum Zeitpunkt der Publikation dieses Buches fast 30 Jahre.
31 Der französisch-israelische Film »Va, vis et deviens« (deutscher Titel: »Geh und lebe«) von Radu Mihaileanu aus dem Jahr 2005 ist einer der aufrüttelndsten Filme, die ich in meinem ganzen Leben gesehen habe.
32 *La quête*, Jacques Brel, 1968.
33 Nach *La quête, ibid.*
34 *Rêves de gosse*, 2009, Chanson von Hervé Magnin aus dem Album *Silence on tourne*, 2009.
35 André Malraux: *Le Triangle noir,* Gallimard: Paris 1970.

Buchempfehlungen

Christine Brähler: *Selbstmitgefühl. Vom liebevollen Umgang mit sich selbst*. München: Scorpio 2015

Janice Jakait: *Tosende Stille. Eine Frau rudert über den Atlantik und findet sich selbst*. München: Scorpio 2014

Rosette Poletti & Barbara Dobbs: *Selbstachtung. Leben in Frieden mit sich selbst*. München: Scorpio 2014

Jacques Salomé: *Das kleine Übungsheft – Sich selbst und andere lieben*. München: Trinity 2013

Yves-Alexandre Thalmann: *Das kleine Übungsheft – Glückstraining*. München: Trinity 2012

Patricia Tudor-Sandahl: *Verabredung mit mir selbst. Von der Kraft, die im Alleinsein liegt*. Freiburg: Herder 2013

Ursula M. Wagner: *Die Kunst des Alleinseins*. Berlin: Theseus 2011

Eva Wlodarek: *Einsam. Vom mutigen Umgang mit einem schmerzhaften Gefühl*. München: Kösel 2015

Anmerkungen

1 Auszug aus dem Gedicht *Wenn* von Rudyard Kipling (Vater des Einzelgängers Mowgli aus dem *Dschungelbuch*), ins Deutsche übertragen von Lothar Sauer.
2 Wenn Sie *Der kleine Prinz* von Antoine de Saint-Exupéry noch nicht kennen: Das Buch hat mich beim Schreiben sehr inspiriert, und ich kann Ihnen nur empfehlen, es zu lesen.
3 »La solitude ça n'existe pas« von Jacques Bécaud. Deutscher Text des Titels »Die Einsamkeit, die gibt es nicht«, transkribiert von der Aufnahme aus dem Album *Unsterblich. Seine größten Chansons* (Übersetzer nicht angegeben).
4 In: *Les Ailes du destin*. Libre Expression: Montréal 2002.
5 In seinem Chanson *La pêche à la ligne*, 1985.
6 Dieser Text entstammt dem berühmten Buch von Marianne Williamson, *Rückkehr zur Liebe* (Goldmann: München 1993). Nelson Mandela zitierte ihn in seiner Antrittsrede als Präsident Südafrikas (1994).
7 *C'est décidé, je m'aime. Le pourquoi et le comment de l'estime de soi.* Jouvence: Genf 2009.
8 Edmond Jabès: *Das kleine unverdächtige Buch der Subversion.* Carl Hanser Verlag: München 2007.
9 Um mehr über diese bekannte Motivationstheorie zu erfahren, lesen Sie *Motivation und Persönlichkeit* von Abraham Maslow (rororo: Reinbek b. Hamburg 1981).
10 Stanley Milgram: *Zur Gehorsamsbereitschaft gegenüber Autorität*. rororo: Reinbek b. Hamburg [14]1984. In der Dokumentation *Entdecke! Das Böse in uns* (US-Original: *Curiosity: How Evil Are You?*) nahm der Discovery Channel im Jahr 2011 Bezug auf das Experiment und zeigte Stanley Milgram sowohl im Experiment als auch im Interview.
11 *Rêves de gosse*, 2009, Chanson von Hervé Magnin aus dem Album *Silence on tourne*, 2009.
12 Auszug aus *Morgenröte. Gedanken über die moralischen Vorurteile.* Anaconda: Köln 2011 (Erstveröffentlichung 1881).
13 *Cartas literarias a una mujer,* 1861.
14 Jacqueline Kelen: *L'esprit de solitude.* Albin Michel: Paris 2005.

15 *Le papillon-tortue*, 1988, Chanson von Hervé Magnin aus dem Album *Silence on tourne*, 2009.
16 *Mendiant de l'amour*, Enrico Macias, 1981.
17 Aus dem Chanson *Ne me quitte pas* (»Verlass mich nicht«) von Jacques Brel, 1959.
18 *En quarantaine*, 2007, Chanson von Hervé Magnin aus dem Album *Silence on tourne*, 2009.
19 Um mehr zu erfahren, lesen Sie die Bücher von Elisabeth Kübler-Ross, z.B. *Interviews mit Sterbenden*. Droemer Knaur: München 2001.
20 Georges Moustaki, *Ma Liberté*, 1970.
21 *Seul*, Text von Lux Plamondon, gesungen von Garou, 2000.
22 *Die Bibel*, Genesis 2,18.
23 Diese hübsche mathematische Formel entstammt dem Kapitel »La Richesse intérieure«, *op. cit.*, von Jacqueline Kelen.
24 Michel de Montaigne, *Die Essais*. 1. Buch, Kap. 39, »Von der Einsamkeit«.
25 *Silence on tourne*, 2006, Chanson von Hervé Magnin aus dem gleichnamigen Album, 2009.
26 Epiktet war ein genialer Philosoph, ein Vertreter der Stoa, der vor etwa 2000 Jahren auch gesagt hat: *»Mensch, wenn du einer bist, dann musst du auch allein spazieren gehen und mit dir selbst reden.«*
27 Auszug aus *Anatole Laplante, curieux homme.* 1944.
28 Achille Chavée, *Décoctions II – Aphorismes.* La Louvière, Daily Bul, 1974.
29 Lesen Sie beispielsweise *Das Sein und das Nichts.* rororo: Reinbek b. Hamburg [17]1993.
30 Zum Zeitpunkt der Publikation dieses Buches fast 30 Jahre.
31 Der französisch-israelische Film »Va, vis et deviens« (deutscher Titel: »Geh und lebe«) von Radu Mihaileanu aus dem Jahr 2005 ist einer der aufrüttelndsten Filme, die ich in meinem ganzen Leben gesehen habe.
32 *La quête*, Jacques Brel, 1968.
33 Nach *La quête, ibid.*
34 *Rêves de gosse*, 2009, Chanson von Hervé Magnin aus dem Album *Silence on tourne*, 2009.
35 André Malraux: *Le Triangle noir*, Gallimard: Paris 1970.